마르크스의 자본주의 분석과
성차별, 성폭력

국립중앙도서관 출판예정도서목록(CIP)

마르크스의 자본주의 분석과 성차별, 성폭력 / 지은이: 실라
 맥그리거 ; 엮은이: 이현주. — 서울 : 책갈피, 2017
    p. ;   cm

원저자명: Sheila McGregor
참고문헌 수록
ISBN 978-89-7966-125-5 03330 : ₩10000

마르크스 주의[--主義]
남녀 차별[男女差別]

340.245-KDC6
335.43-DDC23   CIP2017016205

마르크스의 자본주의 분석과 성차별, 성폭력

실라 맥그리거 지음 | 이현주 엮음

책갈피

마르크스의 자본주의 분석과 성차별, 성폭력

지은이 | 실라 맥그리거
엮은이 | 이현주
펴낸곳 | 도서출판 책갈피

등록 | 1992년 2월 14일(제2014-000019호)
주소 | 서울 성동구 무학봉15길 12 2층
전화 | 02) 2265-6354
팩스 | 02) 2265-6395
이메일 | bookmarx@naver.com
홈페이지 | http://chaekgalpi.com

첫 번째 찍은 날 2017년 7월 27일

값 10,000원

ISBN 978-89-7966-125-5
잘못된 책은 바꿔 드립니다.

차례

일러두기

1. 인명과 지명 등의 외래어는 최대한 외래어 표기법에 맞춰 표기했다.

2. 《 》부호는 책과 잡지를 나타내고 〈 〉부호는 신문, 주간지, 영화, 텔레비전 프로그램, 노래를 나타낸다. 논문은 " "로 나타냈다.

3. 본문에서 [ ]는 옮긴이가 독자의 이해를 돕거나 문맥을 매끄럽게 하려고 덧붙인 것이다. 지은이가 인용문에 덧붙인 것은 [— 지은이]로 표기했다.

4. 본문의 각주는 옮긴이가 넣은 것이다. 지은이의 각주는 '— 지은이'라고 표기했다.

5. 원문에서 이탤릭체로 강조한 부분은 고딕체로 나타냈다.

엮은이 머리말

최근 몇 년간 여성 차별 문제에 대한 사회적 관심이 크게 증가했다. 이런 관심은 특히 젊은 여성들 사이에서 두드러진다. 대학가에 페미니즘 동아리나 소모임이 우후죽순 생겨났고, 출판계에서는 페미니즘 서적이 쏟아져 나왔다.

여전히 차별이 만연한 현실이 그 배경이다. 한국의 여성은 그 어느 때보다 많이 노동시장에 진출해 있고 사회적 지위도 예전보다 높아졌다. 그러나 여성들은 임금 차별과 육아 부담, 직장 내 성희롱, 성 상품화 등 온갖 차별에 노출돼 있다. 많은 사람들이 여성 차별 현실에 분노하고 이 현실을 바꿔 보려는 의지가 늘어난 것은 정말 반가운 일이다.

뿌리 깊은 여성 차별을 없애려면 일단 그것의 원인과 작동 방식을 잘 이해해야 한다. 그런데 최근 이를 둘러싼 논의는 여성 차별 문제에 대한 관심에 견줘 활발하지는 않은 듯하다. 특히 여성 차별이 자본주의 사회구조와 어떻게 연관돼 있는지를 설명하는 주장은 많지 않다. 그보다는 여성 차별을 개인의 태도와 의식의 문제로 보는 관점이 흔하다.

이 책은 여성 차별이 자본주의 사회구조와 어떻게 연관돼 있는지를 마르크스의 자본주의 분석에 기초해 설명한다. 경제결정론 또는 환원론이라는 일각의 오해와 달리, 마르크스주의는 노동계급과 천대받는 사람들의 해방을 위한 사상과 실천이다. 마르크스주의는 여성, 성소수자 등 천대받는 이들의 해방을 노동계급의 해방과 떼려야 뗄 수 없는 관계로 보며, 차별에 대한 유물론적 분석을 제공해 왔다. 이 책은 이런 점을 잘 보여 주는 책이다.

특히 이 책은 페미니즘 내에서 관심 갖는 섹슈얼리티 문제에 대한 마르크스주의적 분석을 내놓고 있다. 이 책은 인간의 성과 성적 관계를 고정적인 것으로 바라보지 않고, 역사적 과정 속에서 그것이 어떻게 변화해 왔는지를 설명한다. 또한 성폭력, 성 상품화 같은 문제를 전체 사회관계와 연관 지어 살펴보며 진정한 성해방을 위해 무엇이 필요한지를 제시한다. 이 책은 페미니즘 일각에서 제기되는 주장, 예컨대 '남성은 잠재적 강간범이다' 등에 대한 비판적 논평도 포함하고 있다.

또한 이 책은 여성 차별을 없앨 수 있는 전략 문제도 다룬다. 누구에 맞서 어떻게 싸울 것인지는 매우 중요한 문제다. 특히 올해는 마르크스의 《자본론》 출간 150주년이다. 그동안 마르크스의 《자본론》은 자본주의 비판에서는 주목받았지만 여성 차별과 관련해서는 주목받지 못했다. 그러나 이 책은 마르크스가 《자본론》에서 보여 준 통찰이 자본주의에서의 여성 차별을 분석하는 데도 얼마나 유용한지를 잘 보여 준다. 여성 차별에 관한 마르크스의 저작을 살펴보는 분석을 국내에서는 찾아보기 어렵다는 점에서 이런 분석은 매우 값진 것이다.

이 책은 영국의 혁명적 사회주의자 실라 맥그리거가 쓴 글을 묶은 것이다. 실라 맥그리거는 영국 사회주의노동자당SWP 당원으로서 여성 차별과 노동운동에 관해 글을 쓰며 마르크스주의적 여성해방론을 발전시켜 왔다. 그리고 여성 문제를 둘러싼 사회주의노동자당 안팎의 논쟁을 주도해 왔다. 여기 실린 글들도 대부분 그런 논쟁 과정에서 쓰인 것이다. 이 글들은 논쟁 상대의 주장을 요약하며 반론을 펴고, 논쟁의 핵심 주제에 대한 마르크스주의의 일반적 관점을 소개하는 방식으로 쓰여 있기 때문에 논쟁 과정에서 제출된 글을 모두 읽어 보지 않더라도 누구나 쉽게 읽을 수 있다.

이 책은 두 부분으로 이뤄져 있다. 1부에는 성·성폭력·성매매와 자본주의의 관계를 심층 분석하는 세 편의 글을 실었다. "성폭력, 포르노, 자본주의"에서 실라 맥그리거는 남성 일반을 잠재적 강간범이라고 여기고 성폭력을 남성의 권력 행사 탓으로 설명하는 급진주의 페미니즘의 주장을 반박하며 자본주의 사회의 변화와 여성의 삶의 변화라는 맥락 속에서 성폭력과 포르노 문제를 살펴본다. "성, 소외, 자본주의"는 영국 노동조합과 사회주의노동자당 내에서 벌어진 '성노동'을 둘러싼 논쟁 과정에서 발표됐다. 그러다 보니, 성매매와 관련해 다른 중요한 쟁점들, 예컨대 성매매 금지주의나 노르딕 모델에 대한 논의 등은 아쉽게도 담겨 있지 않지만 인간의 성을 유물론적으로 분석하면서, 자본주의에서 왜 이토록 성이 왜곡돼 있는지를 설명하고, 이런 이해에 기초해 성매매에 대한 마르크스주의적 분석을 내놓는다. "아동 성범죄의 근원"에서는 아동 성범죄가 자본주의 사회와 가족제도와 어떻게 관련돼 있는지를 설명한다.

2부에는 여성 차별의 원인과 대안을 둘러싼 논쟁을 다루는 글을 실었다. "남성이 여성 차별의 수혜자인가"에서는 여성 차별의 뿌리가 어디에 있는지, 어떻게 자본주의가 남녀 모두에게 성역할을 강요하는지, 가정 내 여성의 무급 가사 노동의 진정한 수혜자가 누구인지를 꼼꼼히 살펴보고, 남성이 여성 차별로 득을 본다는 관점이 어떤 정치적 결과를 낳게 되는지도 살펴본다. "마르크스와 《자본론》, 그리고 여성"은 마르크스주의 페미니스트인 헤더 브라운의 책에 대한 논쟁적 서평이다. 헤더 브라운은 여성 차별에 관한 마르크스의 저작을 연구한 중요한 책을 썼다. 실라 맥그리거는 헤더 브라운의 연구를 반기면서도, "가부장제, 계급의 구실, 엥겔스에 관한 자신의 견해 때문에 마르크스의 주장을 일관되게 해석하지 못"하는 헤더 브라운의 약점에 대해서도 날카롭게 지적한다. 그러면서 마르크스가 진정으로 말하고자 했던 바를 제시하고 오늘날 여성 차별을 분석하는 데 마르크스가 여러 중요한 통찰을 제공했음을 보여 준다.

여성 차별을 없애려면 올바른 분석을 내놓고 이에 기초해 가장 효과적인 방법을 찾아야 하고, 정확한 곳에 화살을 겨눠야 한다. 여성 차별을 없애고자 열망하며 그 원인과 해방의 전략을 진지하게 고민하는 새 세대에게 이 책이 도움이 되길 바란다.

마지막으로 이 책에 실린 글을 번역해 준 이승민, 이예송, 이진화 등에게 감사드린다.

2017년 7월
이현주

1부

섹슈얼리티와 자본주의

성폭력, 포르노, 자본주의

여성에 대한 폭력은 지난 15년 동안 거듭 정치적 쟁점이 됐다. 여기에는 세 가지 이유가 있다. 첫째, 이것은 모든 여성이 일상에서 성차별을 경험하고 일부는 폭력과 강간으로 고통받는 현실을 반영하는 것이다. 둘째, 여성운동이 남성의 폭력에 점차 많은 관심을 기울인 결과다. 셋째, 후기 자본주의 사회에서 성에 대한 인식과 여성의 지위가 변했기 때문이다.

여성이 임금노동자가 돼 경제적으로 중요한 구실을 하게 되면서 성과 관련한 것도 스스로 결정하려는 욕구가 커졌다. 많은 여성은 (광고나 포르노에서 성희롱이나 강간 등으로) 여성의 육

출처: "Rape, pornography and capitalism", *International Socialism* 45(Winter, 1989).

체를 욕보이는 현실에 불만을 품는데, 이런 불만은 여성이 남편이나 애인에게 순종하고 아내·동거자·어머니로서 가족이 져야할 부담을 흔쾌히 떠맡아야 한다는 사회의 기대와 충돌한다. 또 남녀 관계의 성공 여부를 성관계로 판단하는 사회 분위기와 갈등한다. 마지막으로, 성이 상품으로 매매되고 다른 상품을 사고 파는 데 이용되는 사회의 모습과도 마찰을 빚는다.

1975년에 수전 브라운밀러는 《우리의 의지를 거슬러》라는 책을 썼는데, 이 책은 페미니스트에게 상당한 영향을 미쳤다. 이 책은 여성이 겪는 강간과 폭력에 관한 여러 논쟁거리를 던졌다. 이 책은 미국 여성운동에서 강력한 급진주의 페미니즘, 즉 여성 차별의 근원을 남녀의 개인적 관계에서 찾고, 여성을 상대로 한 남성의 폭력을 엄청나게 강조하는 이론을 반영한 것이었다. 이런 이론은 흔히 생물학에 기초했다. 브라운밀러는 성행위 그 자체가 남성의 지배를 이해하는 열쇠라고 주장한다.

강간할 수 있는 남성의 구조적 능력[돌출형 성기]과 그것에 대응하는 여성의 구조적 연약함은 성관계의 기본이자 생리학의 기초다.[1]

브라운밀러는 다음과 같이 주장한다.

남성이 자신의 성기가 [여성에게] 공포를 유발하는 무기가 될 수 있음을 알게된 것은 불을 사용하고 단순한 돌도끼를 처음 만들어 사용한 것과 더불어 선사시대의 가장 중요한 발견이었다. 강간은 선사시대에서 오늘날까지 결정적 기능을 했다. 강간은 모든 남성이 모든 여성을 공포에 떨게 만들려는 의식적인 위협 행위다.[2]

일단 이론이 정립되자 강간위기센터의 활동은 브라운밀러의 분석을 강화하는 듯했다. 영국에서 강간위기센터는 1975년에 처음 문을 열었다. 1981년에는 16개로 늘었다. 이 센터에 신고하는 여성의 수는 강간이 범죄 통계에서 드러나는 것보다 더 흔한 일임을 분명하게 보여 줬다. 강간당한 여성 가운데 다수는 여러 이유로 경찰에 신고하지 않는다.[3] 통계에 잡히지 않는 강간 사건이 많다는 현실을 보며 많은 페미니스트는 모든 남성이 잠재적 강간범이라는 결론을 내렸다. 1984년 런던 강간위기센터가 발행한 보고서 "성폭력: 여성이 처한 현실"에 있는 다음과 같은 구절이 페미니스트의 전형적 결론이다.

강간과 관련한 가장 흔한 사회적 통념은, 강간이 남성이 정서적·성적·육체적으로 여성과 관계를 맺는 방식과는 동떨어진 일탈이라는 것이다. 그러나 지난 8년 동안 우리는 경험을 통해 강간이 이런 [평범한 남녀] 관계의 극단적이고 논리적인 결말이라는 점을 알게 됐다.[4]

많은 페미니스트는 남성이 여성과 맺는 관계의 구조가 강간을 낳는다는 올바른 통찰에서 남성의 모든 행위가 강간과 다를 바 없다는 [잘못된] 결론을 이끌어냈다. 런던 강간위기센터 보고서는 성차별적 행위를 모두 강간으로 규정하려는 위험한 경향도 보인다.

강간은 남성의 성기를 여성의 질에 강제로 삽입하는 것만 의미하지 않는다. 말로든 육체적으로든 여성이 일상생활에서 남성과 접촉하면서 당하는 성적 폭력은 모두 강간이다. 강간은 '만지거나' '농을 거는' 것에서 잔인한 성폭행까지 그 범위가 넓다. 이 보고서는 '강간'이라는 말을 모든 종류의 성적 폭력을 가리키는 것으로 사용하겠다.[5]

이런 식으로 보면, 모든 남성은 강간범이다. 살아가면서 한두 번쯤 여성에게 농을 걸지 않는 남성은 거의 없기 때문이다. 불행하게도 일부 사회주의자조차 남성의 모든 행위를 강간에 포함하는 견해를 받아들인다. 예컨대, 켄 리빙스턴은 최근에 다음과 같이 말했다. "강간범의 심리에 대한 최근의 권위 있는 모든 연구는 강간범과 일반 남성 사이에 별다른 차이점이 없다는 점을 보여 준다."[6] 강간이 특정한 방식의 사회화의 결과라고 주장하는 것과 남성의 성적 행위는 모두 강간이나 마찬가지라고 주장하는 것은 완전히 다른 문제다. 후자의 주장은 위험한데, 이런 주장은 강간의 특수성을 무시하기 때문이다. 또 강간이 범죄통계에 드러나는 것보다 더 빈번하게 일어나는 것이라 해도 소수 여성이 겪는 일이기 때문이다. 수많은 연구가 분명하게 보여주듯이 압도 다수의 남성은 강간을 하지 않는다.[7]

이 글은 강간과 성추행이 인류 역사 내내 존재하지 않았다는 사실을 밝히고, 오늘날 강간의 유형을 후기 자본주의 사회의 발전에 비춰 설명할 것이다.

남성의 폭력은 언제나 존재했나?

남성의 폭력은 언제나 존재했다는 견해가 널리 퍼져 있다. 그리고 이것이 여성 차별에 관한 급진주의 페미니즘의 토대다. 여성이 겪는 폭력을 주제로 많은 책을 쓴 앤드리아 드워킨은 다음과 같이 썼다.

20세기 중반 남녀의 성적 관계는 이전 시기와 별반 다르지 않다. 여성은 정복할 대상이고 그 수단은 남성이 마음대로 결정할 수 있다는 낡은 가치가 횡행한다. 이런 현상은 고대에서나 현대에서 똑같이 나타난다. 원시인이든 우주인이든 이런 낡은 가치를 공유하고, 농업에서든 산업에서든, 지방에서든 도시에서든 이것은 마찬가지다. 여성을 학대할 수 있는 권리는 남성에게 기본적이고 으뜸가는 원칙이다. (그 기원을 추적해 신으로 거슬러 가지 않는다면) 시초도 없고 따라서 그 끝도 보이지 않는다.[8]

인간 본성이 폭력적이고 고정불변하다는 생각은 우익적 '상식'의 일부지만 (여성운동의 여파로) 상당수 좌파도 이 '상식'을 받아들인다. 1980년대 초 영국의 그리넘커먼에 크루즈미사일을 배치하는 것에 반대하는 운동은 모두 여성이 주도했는데, 이들은 모든 남성이 폭력적이고 호전적이라고 생각했다. 이 운동의 주요 구호 가운데 하나는 "남자애들한테서 장난감을 빼앗자"였다. 상황이 이렇기 때문에 폭력이 인간 본성이 아니라는 점과 남녀 관계가 언제나 폭력과 불평등으로 얼룩져 있지 않았다는 점, 사회가 변하면 남녀 관계도 변했다는 점을 증명하는 것이 중요하다.

마르크스와 엥겔스는 인간 사회의 본질을 이해하기 위해 가장 먼저 인간이 생산과 재생산을 조직하는 방식을 연구했다. 초기 인간 사회는 사냥을 하거나 과일이나 풀뿌리를 채취하며 살아가는 소규모 공동체였다. 처음부터 인간은 사회조직에 의존해, 즉 다른 인간과 힘을 합쳐 식량과 주거 공간 등을 확보했다. 다시 말해, 인간은 자급자족하다가 어느 순간 우연한 계기로 사회를 만든 게 아니라 처음부터 사회적 존재였다.

인류의 발전 과정은 남녀가 생존을 위해 발전시킨 작업 방식, 도구, 기술을 연구해서 밝힐 수 있다. 인간이 생존을 위해 사용한 수단이 인간 행동과 인격의 발전 방향을 결정한다. 엥겔스는 《가족, 사유재산, 국가의 기원》에서 당시까지 밝혀진 인류학적 증거에 기초해 인간 사회가 생산방법의 주요 변화에 따라 어떻게 바뀌었는지 설명했다. 무엇보다도 엥겔스는 잉여 식량이 생겨난 후에야 사회가 고된 생산적 노동에서 면제된 소수를 부양할 수 있게 됐다고 주장했다. 그 결과 다수가 소수에게 종속된 계급사회가 등장할 수 있는 가능성(과 필요성)이 생겨났다.

계급 착취에 기반한 사회가 등장하자 이전의 평등한 생활 방식에 엄청난 변화가 생겼다. 소수는 잉여생산물을 통제해서 자신의 지배적 지위를 겨우 유지할 수 있었다. 이 때문에 이들은 무장력(즉, 국가)과 가족을 통한 상속 제도가 필요했다. 상속 제도가 생겨났다는 것은 일부일처제가 필요하고 육아에 더 공들인다는 것을 의미했다. 이런 일련의 변화 과정에서 여성은 종속됐다.

수많은 마르크스주의 인류학자와 페미니스트 인류학자는 엥겔스 주장의 요점을 입증하기 위해 수렵·채집 사회에 대한 새로운 연구 결과를 이용했다. 이런 연구에서 초기 인간 사회의 중요한 특징을 이끌어 낼 수 있는데, 이런 특징은 브라운밀러와

드워킨의 주장, 즉 남성 폭력이 항상 존재했다는 것이 틀렸음을 보여 준다. 첫째, 수렵·채집 사회는 성별 분업에 기초했고 남성과 여성은 생존을 위해 협력했다. 성별 분업에 따른 차별은 없었고 분업은 공동체의 필요와 주변 자연환경에 따라 조정됐다. 성별 분업은 남성이 힘으로 강요한 게 아니었다. 남성과 여성의 노동은 모두 생존에 필요한 식량을 확보하는 데 중요했다.

예를 들어, 칼라하리사막의 쿵족은 식량을 구하러 다닐 때 뚜렷한 성별 분업을 했다. 즉, 남성만 사냥을 하고 여성은 채취만 했다. 그러나 여성도 남성과 마찬가지로 먼 거리를 이동해야 했고 공동체에서 떨어져 지내야 했다. 여성은 필수적인 식량을 구했을 뿐더러 남성에게 사냥감의 이동에 대한 중요한 정보를 제공하기도 했다. 반면, 작은 사냥감과 과일이 풍족한 울창한 열대우림에 사는 음부티 피그미 공동체에는 성별 분업이 그리 분명하지 않다. 남성과 여성은 힘을 합쳐 사냥을 한다.

수렵·채집 공동체는 생존을 위해 구성원 전체의 집단적 노동에 의존했으므로 공동체와 관련한 일도 집단적으로 결정했다. 특정 사람의 견해에 더 무게가 실릴 수 있지만 그것은 그 사람이 경험이 많고 기술이 뛰어나거나 (음부티족의 경우) 나이가 많아 더 지혜롭다고 여겼기 때문이다.

이런 공동체의 또 다른 특징은 규모가 작아 공동체의 모든 구성원이 서로 잘 안다는 점이다. 공적인 부문과 사적인 부문 사이의 구분이 없고 구성원 간의 모든 교류는 지근거리에서 일어나 다른 구성원들도 무슨 일이 일어나는지 다 알 수 있다. 수렵·채집 공동체의 이런 특징 덕분에 남성·여성·아이는 평등과 협력을 원칙으로 하고 인간관계에서 폭력을 멀리하는 방향으로 사회화한다.

이와 비슷한 설명이 엘리너 리콕의 《남성 지배의 신화》와[9] 콜린 턴불의 《고집 센 하인》에[10] 상세하게 서술된다. 북아메리카 원주민 공동체에서는 아이가 타고난 성과 다른 성 역할을 할 수 있는 권리가 잘 보장된 것처럼 보인다.[11]

수렵·채집 공동체의 생활 방식을 묘사하는 이유는 이 공동체를 지상낙원이라고 찬양하려는 것이 아니다. 식량을 얻는 방식(사회의 경제적 조직)에 따라 인간관계가 달라지고 인간의 태도에도 영향을 미친다는 점을 보여 주려는 것이다. 이런 공동체는 평등한 인간관계가 (따라서 평등한 남녀 관계가) 가능하다는 것을 분명하게 보여 주고 평등한 인간관계는 자율성과 남녀가 모두 공동체 경제에 기여한다(자율성 못지 않게 중요하다)는 사실에 기초했음을 보여 준다. 또 경제적 협력은 사회적 협력을 불러온다는 사실과 폭력 없는 인간관계(성인 사이에서든 성인과 아이 사이에서든)가 가능함을 보여 준다. 수렵·채집 공동체에서 살아가는 게 힘겨웠을 수 있지만 이런 공동체에 성차별은 존재하지 않았다.[12]

비교적 평등한 사회에서 완전한 계급사회로 이행하는 과정을 살펴보면 여성의 종속이 인류 다수의 종속과 어떻게 연관돼 있는지 알 수 있다. 루비 로리치는 자신의 논문 "수메르의 국가 형성과 여성의 종속"에서[13] 도시국가 수메르가 제국을 형성할 수 있었던 추동력은 먼 지역의 공급물과 무역로를 차지하려는 도시 간 경쟁이라고 주장했다.

제국이 형성되고 지배계급이 공고해지면서 결정적 전환점이 이뤄졌다. 이전의 평등한 혈족 구조가 파괴되고 여성의 지위가 추락하고 성문법과 가부장적 가족을 갖춘 중앙집중적 국가가 등장했다. 남성 지배의 핵심은 전쟁 수행 능력이었다. 전쟁이 사회의 체계적 특징이 되자 아이를 낳아야 하는 여성은 불리한 처지로 내몰렸다.

지금까지 알려진 인류 최초의 법전은 왕위를 둘러싼 싸움에서 승리한 우루카기나가 만든 법전이다. 이 법전은 지배 엘리트의 재산을 보호하고, 계급과 성의 위계질서에 따라 지위와 행동 양식을 규정하고, 여성은 한 남성하고만 결혼할 수 있고 여성이 간통하면 사형에 처한다는 내용을 명시했다. 여성이 자율성을 지키려 저항하면 신체의 일부를 절단했다. "남성에게 해선 안 될 말을 함부로 한 여성이 잡히면 죄목이 새겨진 벽돌로 이를 부숴야 한다."[14] 몇 세대 뒤에 만들어진 함무라비법전은 이런 내용을 더 강화해 "특정 죄, 특히 신성한 가족의 유대를 해치는 행위를 더 엄중히 처벌하는 경향이 있었다."[15] 여성을 처벌하는 조항이 있었다는 사실은 여성이 종속에 저항했고, 이 저항을 분쇄하기 위해서 강제력이 필요했다는 점을 보여 준다. 여성이 언제나 남성에게 종속된 상태였다면 이런 제재는 필요없었을 것이다.

로리치의 설명은 계급사회의 공고화가 어떻게 국가의 형성과 여성의 종속으로 이어졌는지, 법률은 이런 변화를 어떻게 강화했는지 보여 준다. 여성 차별이 생겨난 이런 역사적 과정은 (함무라비법전을 근거로 여성 차별이 언제나 존재했다고 말하는) 브라운밀러의 주장을 정면으로 반박한다.[16] 강간이나 폭력 없는 사회가 존재했다는 사실은 드워킨과 브라운밀러 등이 제시하는 비관적 전망, 즉 사회가 변해도 성별 관계는 변하지 않는다는 주장을 완전히 반박한다.

페기 샌데이는 미국에서 수집한 민족학 자료를 바탕으로 (기원전 6세기부터 지금까지의) 사회 가운데 150곳을 검토한 뒤 다음과 같이 결론 내렸다.

남성과 여성의 관계를 구조화하는 방식은 남녀가 어울려 지내는지 분리돼 지내는지, 의사 결정권이 남녀 모두에게 있는지 한 쪽이 독점하는지를 기준으로 분류할 수 있다. 성 역할은 생물학적 요소가 아니라 문화적 요소에 따라 결정된다. 즉, 성 역할을 결정하는 요소는 인간의 유전자가 아니라 역사적·정치적 환경인데, 이 것은 사람들이 주변 환경에 대응하고 하나의 사회적 단위를 구성 하는 기초다. 성 역할이 인간의 생물학적 구조에 따라 결정되는 것이라면, 다양한 성 역할은 가능하지 않을 텐데 [역사적] 사실은 결코 그렇지 않다.[17]

샌데이는 자신이 연구한 사회의 40퍼센트가 '허구적 남성 지 배' 사회라고 했는데, 이런 사회에는 남성 폭력이 존재했지만 여 성이 경제적·정치적 영향력을 행사했다고 한다. 28퍼센트의 사 회에는 남성 폭력이 존재했고 여성은 모든 권력에서 완전히 배 제당했다. 33퍼센트의 사회에는 남성 폭력이 존재하지 않았고 여성이 경제적·정치적 영향력을 행사했다. 나아가 샌데이의 연 구는 사회가 남성과 여성의 성적 지향과 성적 태도에 어떻게 영 향을 미치는지 보여 줬다.

남녀의 일상적 태도에 영향을 미치는 관행은 한 세대에서 다음 세 대로 이어지는 문화의 한 축을 이루기 때문에 성별 규범도 대물림 된다. 인류는 세대가 바뀔 때마다 남녀의 행동 규범을 새로 만들 지 않는다. 젊은 사람은 부모 세대의 성생활 방식을 별수 없이 따 르게 된다. 젊은 남녀가 여기서 벗어나려고 아무리 애써도 시대의 문화와 역사의 파도에 휩쓸린다. 규범, 관행 등은 환경이나 사회의 급변으로 그 사회의 전통문화가 파괴될 때 비로소 변화한다. 이런 일이 일어나면 사회적 정체성의 새로운 규범이 형성되거나 사회적 단위로서의 한 민족이 소멸한다. 새로 형성된 사회 규범에서 새로운 형태의 사회적 정체성이나 변화된 성 역할 등을 발견하는 것은 그리 특이한 일은 아니다.[18]

강간의 진정한 이유를 살펴보기 전에 강간에 대한 잘못된 이론을 하나 더 다룰 필요가 있다. 사회생물학의 한 경향은 일부 남성에게는 강간이 번식할 수 있는 유일한 수단이라고 주장한다. 이런 남성은 여성에게 호감을 살 수 없어서 폭력에 의존한다는 것이다. 이 주장은 허점 투성이다. 이 이론은 다양한 양상의 강간, 예컨대 전시에 군인이 자행하는 강간이나 초야권,* 부부 강간(심지어 아이 앞에서 벌어지기도 한다)을 설명할 수 없다. 또 강간으로 임신하는 여성은 거의 없기 때문에 강간은 완전히 우연에 기대는 번식 방법이다. 게다가 강간범 가운데는 발기부전, 지루, 조루 등 성기능 장애로 고통받는 경우가 많다고 한다.[19] 강간에 대한 사회생물학적 견해는 완전히 비역사적인데, 강간이 모든 사회, 모든 시대에 똑같이 존재한다고 보기 때문이다.

---

* 결혼 첫날밤에 지주, 영주 등이 신랑보다 먼저 신부와 성관계를 할 수 있는 권리.

자신 있게 말하건대, 여성이 겪는 강간과 폭력은 결코 인간 사회의 보편적 특징이 아닐뿐더러 단순히 남성의 생물학적 특징에서 비롯한 결과도 아니다. 더욱이 계급 없는 사회는 인간 사회의 대략 90퍼센트를 차지하고 계급 착취, 불평등, 체계적 폭력(여성에 대한 폭력을 포함해)은 인간 사회에서 아주 최근에야 등장했다. 크리스 하먼이 지적했듯이, "'생물학적' 인간 본성이란 게 있다면, 그 특징은 이 시기에 [협동과 비폭력을 기초로 − 지은이] 형성됐음이 틀림없다."[20] 이것은 또한 강간, 포르노, 여성에 대한 폭력을 이해하려면 인간 본성을 과도하게 일반화할 게 아니라 특정 사회를 구체적이고 역사적으로 분석해야 함을 뜻한다.

자본주의와 성

현대 자본주의 사회의 발전으로 개인의 삶과 노동 방식이 모두 엄청나게 변했다. 자본주의는 노동의 영역뿐 아니라 우리가 나고 자라는 가족제도도 재구성했다. 공장제공업의 발전으로 노동과 가족은 완전히 분리됐다. 지배계급에게 가족은 여전히 권력과 부를 통제하기 위한 핵심 도구였지만 노동계급에게 가족은 더는 생산 단위가 아니었다.

따라서 결혼은 더는 일 잘하고 신체 건강한 노동의 동반자를 찾는 것이 아니라 애정이나 (엥겔스의 표현을 빌면) "개인적 성애"에 바탕을 두게 됐다. 현대 자본주의 사회에서 사람들은 애정을 바탕으로 자유롭게 결혼하거나 동거한다. 그러나 이런 관계가 자유롭게 이뤄졌을지라도 남녀의 삶은 가족제도의 틀 안에서 구성되는데, 오늘날의 가족제도는 인간의 필요를 충족하기 위해서가 아니라 노동력을 사적으로 재생산하기 위해 존재한다. 또한 가족제도는 여성 차별을 구조화하고 존속시키는데, 그 이유는 여성이 육아를 대부분 떠맡기 때문이다. 요리, 청소, 장보기, 육아는 대부분 여성의 몫이다. 게다가 결혼한 여성은 대부분 직장에 다닌다. 남성은 집안일을 거의 하지 않지만 남성의 임금이 가족 수입에서 큰 부분을 차지한다. 육아나 가사를 분담하는 남성은 소수다.

가족의 이런 성별 분업은 지배계급에게 도움이 된다. 현재와 미래 노동자의 재생산 비용은 대부분 노동자의 주머니에서 나오고 여성은 가사 노동과 임금노동으로 이중 부담을 지기 때문이다. 여성은 가족생활에서 남성과 평등하지 않다. 일터에서도 계급적·성적 불평등을 겪는다. 남성 노동자는 계급적 불평등은 겪지만 성적 불평등은 겪지 않는다. 계급과 성 역할이 사회 전체(가정·교육·일터·오락)에 스며 있기 때문에 누구도 특정한 방식으로 형성된 성 역할에서 자유로울 수 없다. 그 역할이 매우 짜증나고 마음에 들지 않더라도 말이다. 요컨대 사람들은 자신에게 강요된 성 역할을 피할 길이 없고, 이것은 결혼하지 않거나 아이가 없는 사람도 마찬가지다.

가족의 끊임없는 재구성은 자본주의 발전의 일부분이다. 산업화 초기의 충격으로 남성·여성·어린이는 뿔뿔이 흩어져 깨어 있는 시간 내내 공장에서 일했고 이전의 가족 구조는 위기에 빠졌다. 이런 과정을 지켜보면서 마르크스와 엥겔스는 노동계급 가족의 토대가 파괴됐다고 생각했다. 그러나 이 예견은 틀린 것으로 드러났다. 노동계급 남성과 여성은 산업혁명의 파괴력에 대항하는 수단으로 가족을 유지하려고 했다. 그리고 지배계급은 노동력 재생산의 수단으로 가족을 유지하는 데 관심을 기울였다.[21] 또한 이 시기에 국가는 성을 통제하려는 계획을 강하게 밀어붙였다. 이것은 부르주아적 가족생활 규범을 노동계급에게 강요하려는 지배계급의 공격이었다. 1834년에 개정된 구빈법은 구빈원을 제외한 시설이 미혼모를 지원하지 못하도록 만들어 혼전 성관계 관행을 없애려 했다. 1880년대에 개정된 다른 법률은 여성의 성관계 동의 연령을 높이고, 음란 행위와 매춘과 동성애를 규제했다. 이것은 성관계를 할 수 있는 합법적 장소는 부부의 침실뿐이라는(적어도 여성에게는) 점을 확립하려는 시도의 일환이었다. 이런 통제가 여성의 성에 미친 영향은 빅토리아 시대 여성에게 했던 조언에서 가장 적절하게 표현됐다. "침대에 누울 땐 영국을 생각하라."[22]*

사람들이 성생활에서 느끼는 주요 문제는 남녀 관계에서 충족감을 느끼려는 기대와 가족생활의 현실이 모순을 빚는다는 것이다. 게다가 20세기 초반에 시작된 자본주의 사회의 변화로 남성과 여성의 관계도 영향을 받았다. 가족은 비록 생산과 분리돼 있지만 생산의 성격 변화에 영향을 받는다. 가족생활의 모든 측면(가사·요리·가구·장식품 등)이 대량 상품생산의 영향력에 점점 종속됐다.

대규모 시장과 공장제공업의 성장으로 대형 광고업이 등장했다. 이런 광고는 여성이 자신의 습관을 바꾸고 공장에서 만든 빵·잼·케이크·의류와 (얼마 뒤에는 새로 발명한) 가전제품을 사도록 부추겼다. 이런 제품이 완벽한 가정을 만드는 데 도움을 준다고 내세우면서 말이다. 1920년대에 크게 성장한 광고업은 여성을 겨냥했는데, 여성이 가정용품 구입을 담당했기 때문이다.[23] 대형 광고업의 성장세는 1930년대의 불황으로 타격을 입었지만, 대량 소비를 부추기는 경향은 계속됐다. 여성을 겨냥한 대형 광고업은 전후에 활기를 되찾았다.

광고는 여성의 소비를 부추기면서 동시에 아내를 성적 대상

---

* 결혼을 앞둔 딸에게 엄마가 하는 조언으로 첫날밤 성관계가 고통스러워도 조국에 보탬이 되는 일이니 참고 견디라는 뜻이다.

화하기 시작했다. 여성에게 남편의 관심을 끌기 위해 성과 육체적 아름다움을 이용하라고 부채질했다. 여성이 자신의 몸매와 외모에 신경 써야 한다는 압력은 갈수록 커졌다. 아름다움과 성적 만족감이 소비와 금전 거래에 종속됐다. 애정이 남녀 관계를 발전시키는 기초이고 자녀 양육이 가족의 물질적 존재 이유가 됐고 성관계는 점차 여성이 남편을 가정에 묶어 두는 수단이 됐다. "당신의 절친한 친구조차 [당신의 악취에 대해] 말해 주지 않는다"거나 "들러리만 서고 신부가 되지 못하는 당신에게" 같은 문구가 땀 억제제나 구강 청결제 광고에 사용됐다.

1920년대 여성 잡지에 나온 광고를 조사한 스튜어트 유언은 거울에 비친 자신을 바라보는 여성을 담은 광고가 꽤 많다는 사실을 발견했다. 그는 다음과 같이 결론지었다.

여성이 아름다움을 유지하는 것은 곧바로 [아내라는] 지위를 지키는 문제, 더 정확하게는 살림을 유지하는 데 필요한 남편의 월급과 연결된다(광고는 여성의 생존이 남편을 가정에 묶어 두는 능력에 달려 있다는 점을 계속해서 상기시킨다).[24]

여성을 성적 대상화하는 경향과 여성의 몸을 광고에 이용하는 경향은 다른 중요한 변화의 영향을 받았는데, 이 변화(특히 제2차세계대전 후에 두드려졌다)는 여성의 역할에 결정적 영향을 미쳤다. 첫째 변화는 수많은 여성이 임금노동자가 됐다는 것인데, 이것은 여성의 삶을 바꾸었다. 오늘날 대다수 여성은 일생의 많은 부분을 가정 밖에서 일하며 보낸다. 여성이 임금노동 이외의 활동에 보내는 시간은 계속 줄고 있다. 둘째 변화는 1960년대 이후 피임법이 발전하고 확산됐다는 것이다. 피임은 당연히 여성의 노동시장 진출을 쉽게 만들었다. 오늘날 18~44세 여성 가운데 75퍼센트가 피임을 한다. 가정당 평균 자녀 수는 1.8명으로 줄었다. 피임법의 발전으로 여성은 아이를 몇 명 낳을지 결정할 수 있었을 뿐 아니라 (생식과 관계없이) 순전히 즐거움만을 위해 성관계를 할 수 있었다.

이런 변화는 제2차세계대전 이후 지속된 호황기에 일어났다. 호황과 더불어 복지국가가 성장하고 완전고용 상태가 안정적으로 유지됐고 '착한 자본주의'의 틀 안에서 모든 문제가 해결될 수 있다는 믿음이 생겨났다. 냉전으로 강화됐던 1950년대의 보수적 정서는 약해지고 자유주의적 태도가 사회에 퍼졌다. 1960년대 말에 통과된 주요 법안 덕분에 임신중절수술 받기가 수월해졌고 동성애에 대한 시각도 너그러워졌다.

또한 이 시기에 [적나라한 성적 묘사가 담긴] D H 로런스의 소설 《채털리 부인의 연인》의 출판을 둘러싼 논쟁과 케네스 타이넌이 텔레비전에서 욕설을 한 것을 둘러싼 공방이 오고 갔고, 이런 분위기 속에서 검열이 완화됐다. 광고는 여성의 몸을 더욱 노골적으로 드러내기 시작했고 영화는 여성의 몸에 대한 묘사를 넘어 성관계를 노골적으로 묘사하기 시작했다.

초기 여성해방운동의 요구(동일임금, 성차별 철폐, 자유로운 피임과 임신중절 허용, 24시간 보육 시설)는 수많은 노동계급 여성의 변화 열망을 정확히 반영한 듯하다. 여성은 직장 내 남녀평등과 자신의 몸을 스스로 통제하기 위한 여러 요구를 함께 제기했다.

이런 변화의 영향으로 오늘날에는 성생활이 결혼·출산과 분리됐고, 결혼, 이혼, '사생아' 출산 등의 추세에서도 이런 변화가 드러난다. 남성과 여성은 전보다 더 늦게 결혼하고 더 오래 산다.[25] 결혼한 지 4년 이내에 이혼하는 비율은 4분의 1가량 되고 그중 상당수는 재혼한다.[26] 대다수 성인은 혼전 성관계는 용납할 수 있지만 혼외 성관계는 잘못됐다고 생각한다.[27] 잉글랜드와 웨일스에서는 (법적 부부 사이에서 태어난 아이가 증가하는 것과 더불어) 사생아가 꾸준히 증가하고 있다.[28] 대다수 사람은 [결혼을 하든 동거를 하든] 배우자와 함께 살지만 아이를 낳는 커플은 줄어들고 있다.[29]

이것은 부부가 함께 살아야 할 이유에서 (가족의 토대였던) 양육이 차지하는 비중이 점점 작아진다는 뜻이다. 이런 상황에서 성관계가 결혼과 마케팅에서 중심 요소로 자리 잡은 것은 놀랄 만한 일이 아니다.[30] 이런 추세는 이제 성관계가 결혼에 매여 있지 않도록 하는 수준에 도달했다.

이런 변화는 성 행동에 대한 관심이 증가한 것을 설명해 줄 수 있을 듯 하다. 20세기로 들어서던 시기에 프로이트는 사회에서 성이 하는 구실과 남성과 여성의 성이 서로 다르게 발전한다는 것을 이론적으로 설명하면서 아이가 성적 존재가 아니라는 착각을 철저히 논박했다. 1951년 킨제이의 연구와 1965년 매스터스앤드존슨의 연구는 성관계가 생식뿐 아니라 즐거움을 위한 것이어야 한다는 견해를 확산시키는 데 기여했다. 특히 매스터스앤드존슨의 연구는 여성도 성관계를 즐길 수 있다는 견해를 확산시켰다. 그러나 이들은 여성이 성관계하는 것보다 자위 행위에서 오르가슴을 느낄 확률이 더 높다는 것을 발견했음에도 진정한 성적 만족을 위해서는 성기 삽입이 중요하다고 강조했다. 이것은 어떻게 해야 여성이 성적 만족을 느낄 수 있는지에 대한 전통적 견해를 강화했다. 초기의 여성해방운동은 이런 견해에 강력하게 반발했다. 1976년에 셰어 하이트는 여성의 압도적 다수가 성기 삽입이 아니라 음핵 자극으로 오르가슴을 느낀다는 연구 결과를 발표했다.[31]

오늘날 성관계와 여성의 몸에 대한 묘사는 더 넓은 인간관계와 분리돼 있다. 이런 태도나 관념은 일상생활의 일부가 됐다. 〈선〉이나 〈미러〉 등 대량 발행 신문은 판매량을 늘리기 위해 선정적인 여성 사진을 사용한다. 광고나 패션 산업은 여성에게 (남성이 성적 매력을 느끼도록) 자신을 가꿔야 한다는 압력을 끝도 없이 가한다. 특히 젊은 여성을 겨냥한 잡지는 마치 여성의 유일한 목표가 남성을 유혹하는 것인 양 여성의 성적 매력만 엄청나게 강조한다(여성은 성적으로 수동적이어야 한다는 편견과 더불어 말이다).[32]

여성의 성은 남성을 유혹하는 수단이 돼 버렸다. 여성은 매력적으로 보이면서도 성적 대상이 되지 않아야 한다는 딜레마에 빠졌다. 동시에 성관계는 하나의 목적이 돼 버려 사랑이나 우정 같은 인간의 감정과 무관한, 즉 삶의 즐거움 등을 공유하는 것과 아무 상관없는 행위로 취급된다.

100여 년 전에 마르크스는 착취에 바탕을 둔 사회는 가장 극심한 형태의 소외(본성으로부터의 소외)를 낳는다고 주장했다. 마르크스의 소외론에서 핵심은 인간이 만든 사회가 비인격적 힘을 발휘해 인간을 지배하는 것처럼 보인다는 점이다. 이것은 계급사회의 근본적 모순, 즉 소수가 생계 수단을 통제하지만 비인격적으로 보이는 시장 뒤에 숨어 이런 통제가 가려진 현실을 반영한다. 인간의 본성인 노동은 시장의 힘에 따라 사고팔리고 시장의 힘 앞에서 인간은 무기력해진다. 마르크스가 주장하듯이, 이런 과정은 가장 자연스러운 남녀 관계를 포함해 인간의 삶과 경험에 모두 영향을 미친다.

후기 자본주의 사회에서 인간의 성은 엄청난 모순에 빠져 있다. 한편으로 성은 인간관계와 분리돼 다른 상품과 마찬가지로 사고팔 수 있는 대상이 됐다. 여성의 몸은 남성과의 관계를 발전시키는 데서 중요한 수단이 됐다. 그리고 여성 차별 때문에 남녀 관계는 여전히 불평등하다. 다른 한편으로 더 많은 여성이 노동자가 되고 전문직에 진출하면서 여성의 독립성은 커졌고, 이 때문에 자신의 삶과 몸을 통제하려는 여성의 기대도 높아졌다. 여성들은 좋은 대접을 바라고 존중받기를 기대한다.

많은 사례에서 이런 모순을 발견할 수 있다. 지난 20년에 걸쳐 10대의 성 행동을 연구한 보고서에 따르면 첫 경험을 한 뒤 다시 성관계를 하고 싶어 한 남성은 75퍼센트 정도였지만 여성은 50퍼센트에 그쳤다. 그렇지만 지난 한 해 동안 50회 이상 성관계를 했냐는 질문에 그렇다고 답변한 여성은 거의 75퍼센트에 달한다. 반면 남성은 50퍼센트 정도였다. 이런 차이는 두 요인 때문인 듯 하다. 첫째, 여성은 성관계에서 성적 만족감을 덜 느끼지만 관계를 더 안정적으로 유지한다. 둘째, 관계가 안정적일수록 성관계 횟수가 많아진다.[33]

오늘날의 또 다른 문제는 남녀 모두에게 '즐거운' 성관계를 자주 즐기라고 압박하는 것이다. 영국의 한 연구자는 결혼 생활에서 만족스러운 성관계를 즐길 수 있으리라는 기대가 1950~1970년에 50퍼센트 증가했다고 발표했다.[34] 그러나 여성이 남성과의 성관계에서 성적 만족을 얻는 경우가 적다는 사실은 이런 기대가 충족되지 않았음을 보여 준다. 또 많은 여성은 모호한 상황 때문에 고통을 겪는다. 남성은 여성의 성격과 개성에 관심이 있을까 아니면 성관계에만 관심이 있을까? 성관계한 다음 날 아침에도 남성은 여전히 여성을 존중할까 아니면 '쉬운 여자'라고 생각할까? 남성과 관계를 유지하려면 여성은 자율성을 버려야 할까?

한편 [이런 상황은] 정부와 자본가 모두에게 이득이다. 정부는 끊임없이 여성이 훌륭한 아내와 어머니가 돼야 한다고 주장하고 자본가는 여성의 성을 적극적으로 이용해 상품 판매에 나선다. 여러 사회적 변화에도 불구하고 개별 가정은 젊은 세대에게 낡은 관념, 즉 이성애와 일부일처제가 정상이고, 남성과 여성은 서로 다르고, 여성은 가정을 책임지고 남성은 가족을 먹여 살려야 한다는 등의 생각을 대물림한다. 또 아이는 가족을 통해 가족과 그보다 더 넓은 사회에 위계질서가 있다는 것을 순식간에 배운다.

반면 아이는 자신의 성이나 성적 관계 일반에 대해서는 거의 배우지 못한다. 10대의 성에 대한 두 차례 조사(1965년과 1973년에 실시됐다)를 바탕으로 마이클 쇼필드는 계급과 성에 따라 성교육이 상당히 다르게 이뤄진다는 점을 밝혔다. 남자아이는 부모에게 배우는 게 거의 없었다. 중간계급 남자아이의 약 60퍼센트, 사무직 노동자 가정의 남자아이 70퍼센트, 육체직 노동자 가정의 남자아이 73퍼센트는 자신의 부모에게서 성과 관련해 아무것도 배우지 못했다. 여자아이는 부모에게서 성교육을 받았지만 피임에 대해서는 전혀 배우지 못했다. 여자아이는 생리에 대해 배우고 임신할 위험이 있으니 조심하라는 주의를 받는 듯하다.[35] 여자아이와 남자아이의 압도적 다수(약 80퍼센트)는 오르가슴, 성적 즐거움과 그 위험, 피임법, 이성에 대해서 더 많이 알고 싶어 했다. 또한 60퍼센트 이상은 주로 친구에게서 정보를 얻는다고 말했다. 쇼필드가 인용한 보고서는 성교육을 받지 못한 아이는 성에 대한 설명을 지어내는 경향이 있음을 보여 준다.[36]

쇼필드의 연구를 통해 하나의 문제점을 깨달을 수 있다. 어린아이는 성적 이미지가 범람하는 사회에서 성장하지만 성에 무지하다는 점이다. 다른 사람은 물론이고 자신의 신체에 대해서도 이해하거나 알지 못한다. 성적 행동을 주도한다고 여겨지는 남자아이가 특히 성에 무지한 채로 성장한다. 성적 무지와 더불어 첫 성관계를 하는 장소의 열악한 환경은 상황을 더욱 악화시킨다. 쇼필드의 조사에 응한 10대의 29퍼센트는 자동차나 공원, 폐건물에서 첫 성관계를 했다.[37] 이런 곳에서 하는 성관계가 편안할 리 없다. 부모의 집에서 하는 것이 더 편하겠지만 '들킬' 위험이 있다. 이런 상황을 고려하면 쇼필드의 설문에 첫 경험이 즐거웠다고 답한 남자아이와 여자아이가 각각 46퍼센트와 38퍼센트뿐이라는 게 별로 놀랍지 않다.[38]

쇼필드의 연구는 성적 관계가 어떻게 깨지는지, 특히 가장 흔한 강간 유형인 '데이트 강간'을 [분석하는 데 유용한] 실마리를 제공하기도 한다.

자본주의 사회에서 강간의 유형

데이트 상대자나 '아는 사람'에 의한 강간

낯선 사람에 의한 강간은 드물다는 사실이 이제는 꽤 널리 알려졌다(페미니스트와 대다수 연구자도 이 점에 동의한다).[39]* 루스 홀은 《어떤 여성에게든 물어 보라》라는 연구서에서 강간범의 75퍼센트가 피해자와 아는 사람이라고 주장했다.[40] 강간 사건의 절반 정도가 가해자나 피해자의 집에서 일어난다. 다이애나 러셀이 샌프란시스코에서 수집한 표본을 바탕으로 계산한 결과, 강간범 가운데 3퍼센트만 피해자와 모르는 사람이었다. 8퍼센트는 남편이고 나머지는 남자 친구, 데이트 상대자, 애인, 헤어진 애인, 지인이었다.[41]

수많은 연구는 청소년기와 청년기가 강간에 가장 취약하다

---

* 이 후주는 지은이가 참고한 여러 자료의 약점을 설명하고 있어 이후 나오는 통계를 어떤 맥락에서 봐야 하는지 도움을 준다.

고 지적한다.[42] 최근 미국에서 이뤄진 청소년과 성폭력에 관한 연구는 강간이 어떻게 일어나는지 이해하는 데 도움을 준다.[43] 이 연구는 청소년과 범죄에 대한 5개년 전국 조사의 일환으로 이뤄졌다. 성폭력에 대한 통계자료는 1978년에서 1981년까지 3년 동안 수집된 것이었다. 이 연구는 성폭력을 성기 접촉을 포함해 모든 강제적 성행위라고 정의했고 말로 하는 협박과 물리적 공격, 무기 사용 등도 포함했다. 이렇게 폭넓은 정의에 따르면, 1978~1981년에 여자 청소년 가운데 7~9퍼센트가 성폭력을 경험했다.[44] 1978~1979년에는 성폭력의 75퍼센트가 피해자나 가해자의 자동차나 집에서 발생했다. 1980년에는 3분의 2가 집 근처에서 발생했고 23퍼센트 정도가 집에서 발생했다.[45]

이 연구에서 매우 두드러진 사실 하나는 1978~1979년에 벌어진 사건 가운데 '폭력이 완료'된 경우, 즉 강간이 일어난 경우는 20퍼센트라는 점이다(1980년에는 이 비율이 3분의 1로 증가했다).[46] 이것은 많은 여성이 강간을 모면했음을 보여 주는데, 43~48퍼센트는 이성에 호소했고 28~39퍼센트는 화를 내거나 적대감을 드러냈다고 한다.[47] 5퍼센트는 전혀 저항하지 못했는데, 공포에 질려 있거나 약물을 복용했기 때문이었다. 데이트 상대자나 남자 친구가 가해자인 경우 3분의 2는 관계에 변화가 생겼다. 그 가운데 약 87퍼센트는 헤어졌다.[48] 이 연구는 성폭력에 대한 남녀의 반응도 조사했다. 여성이 가장 많이 보인 반응은 분노였고 그 다음은 당혹감이었다. 성관계에 흥미를 잃고 두려워하는 반응이 셋째로 많았다.[49] 여성이 자신이 겪은 일을 주변 사람(남자 친구나 남편을 포함해)에게 말했을 때 대다수 사람은 여성의 고통에 공감하며 안쓰러워했다.[50]

젊은 남성 가해자의 반응은 다소 달랐다. 혼란스러움을 느끼는 사람도 일부 있었지만 다수는 성폭력의 결과에 만족한다고 대답했다. 소수는 당혹스러워했고 몇몇 사람은 성폭력 후에 자신이 더 강해졌다고 대답했다. 가해자가 전한 친구의 반응이 시사적인데, 40퍼센트는 성폭력을 괜찮다고 했고 20퍼센트는 못마땅해했고 25퍼센트는 아무 반응도 보이지 않았다고 한다.[51]

40퍼센트의 가해자는 여성의 육감적 몸매와 유혹, 성적으로 애태우기가 성폭력을 유발하는 일차 원인이고, 자신의 성 충동은 둘째 원인이라고 말했다. 일부는 여성의 성 충동을 원인으로 꼽았다. 반면 여성은 시간대와 남성의 성 충동을 가장 중요한 요인으로 여겼고, 둘이 함께 있던 장소나 술을 그 다음으로 꼽았다.[52] 여성의 압도적 다수는 여성의 행동이나 옷차림이 성폭력을 유발한다고 여기지 않았다.[53] 《청소년의 성폭력》을 쓴 애지턴은 다음과 같이 결론지었다.

이런 사건을 묘사한 글을 보면 이 가운데 상당수는 남성이 여성에게 성관계를 강요하는 고전적 데이트 시나리오를 따르고 있음을 알 수 있다. 대다수 경우는 말로 하는 강요였고, 가해자의 말에 따르면 이런 시도가 실패한 경우가 많았다.[54]

《미즈》는* 미국의 대학 캠퍼스를 조사해 데이트 과정에서 강간이 벌어지고 있음을 밝혀냈다.[55] 게다가 이 조사는 강간에 대한 가해 남성과 피해 여성의 인식이 다르다는 점을 더 분명하게 보여 줬다. 4분의 1이 조금 넘는 여성은 자신을 강간 피해자라고 생각하지 않았다.[56] 전체 남성의 8퍼센트가 여성을 강간하거나 강간을 시도했는데, 그중 75퍼센트는 여성에게 강제로 성관계를 요구하지 않았다고 말했다.[57] 한편 [강간당한] 여성의 절반이 같은 남성과 다시 성관계를 가졌다.[58] 이것은 성에 대한 남성과 여성의 태도가 다르다는 것을 명확히 보여 준다. 또 남녀 불평등이 남녀의 가장 친밀한 관계에 어떤 영향을 미치는지도 보여 준다. 또 여성이 불평등을 너무 깊숙이 내면화한 나머지 강간을 강간으로 인식하지 못할 수 있음을 보여 준다. 또한 자신에게 호감이 있는 남성이 이런 [억압적] 방식으로 자신을 대했다는 사실을 받아들이는 게 여성에게 얼마나 힘든 일인지도 보여 준다. 강간의 경험을 직시하면서 여성은 많은 문제에 부딪히며, 특히 아무것도 할 수 없다고 느끼면 더욱 그렇다.

---

* 미국의 자유주의 페미니즘 잡지다.

혼전 성관계가 매우 흔하고 젊은 남성이라면 당연히 젊은 여성을 만나 성관계를 가져야 한다는 사회적 분위기를 고려하면, 강간 같은 파괴적 사건이 발생하는 게 소스라치게 놀랄 일은 아닌 듯하다. 더욱이 청소년도 흔히 데이트를 하기 때문에 '데이트 강간'은 모든 계층에 걸쳐 일어날 수 있다. [《미즈》가 조사한] 미국 대학교의 강간 사례는 특수한 사회적 조건이 주로 백인 중간계급 학생을 강간에 취약하게 만든다는 점도 보여 준다. 아쉽게도 《미즈》는 학생이 아닌 집단을 조사하지 않아서 다른 집단과 비교해 볼 수 없다.[59] 이 분석의 핵심은 '데이트' 그 자체가 자본주의 사회에서 형성된 매우 현대적인 성생활의 일부라는 점이다. '데이트' 시나리오는 왜 대다수 강간이 특정 나이 대에서 일어나는지 설명해 준다. 개인적으로나 성적으로나 경험이 많지 않은 젊은 남녀는 기성세대보다 더 많은 문제에 부딪히기 쉽다. 경험은 남성이 더 쉽게 새로운 관계를 시작하게 돕고 여성이 남성과의 관계에서 자신감을 갖도록 도와 준다.

강간의 또 다른 유형은 부부 강간과 '낯선 사람'에 의한 강간인데, 이 둘은 자본주의 사회의 영향을 크게 받은 것이다.[60]

부부 강간

폭력 범죄의 4분의 1이 가정에서 일어난다. 최근의 논문에 따르면, "남편·동거인·애인이나 헤어진 파트너에게 살해당하는 여성이 3일에 한 명꼴이다."[61] 아이를 물리적·성적으로 학대하고 아내를 구타·강간하는 것은 가정 파탄의 징후다. 부부 강간은 여성 차별, 계급, 성이 가족을 매개로 한데 만난 것이다.

루스 홀이 인터뷰한 기혼 여성의 20퍼센트 이상은 원치 않는 성관계를 했다고 말했다.[62] 러셀의 조사에서는 기혼 여성의 12퍼센트가 남편에게 강간을 당한 것으로 드러났다.[63] 1976년 서독에서 실시한 한 조사에서는 기혼 여성의 58퍼센트가 "나는 그냥 참았는데, 안 그러면 며칠 동안 남편의 짜증을 받아 줘야 하기 때문이다"라는 말에 공감했다.[64]

부부 강간을 이해하는 데서 핵심은 남녀 불평등이 끼친 영향이다. 즉, 남성은 아내와 성관계할 권리가 있다고 생각하고 성관계는 결혼의 일부이고 아내는 거절할 권리가 없다고 여긴다. 사실 남편의 강간이나 폭력에 대한 여성의 인식은 변한다. 루스 홀은 원치 않는 성관계를 한 기혼 여성 가운데 그것을 곧바로 강간이라고 생각한 사람은 35퍼센트였지만 자신이 설문 조사를 한 시점에는 그 비율이 65퍼센트로 증가했다고 밝혔다. 남편이 성관계를 강요하기 위해 물리적 폭력이나 위협을 사용했다고 생각한 여성의 수도 비슷하게 변해 58퍼센트에서 85퍼센트로 증가했다.[65]

아내가 남편과의 성관계를 조정할 수 있는 힘은 폭력의 위협 수준뿐 아니라 경제적 독립과도 밀접하게 연관돼 있는 듯하다.

루스 홀의 조사를 보면, 여성의 3분의 2가 강간이 가능했던 이유로 물리적 폭력이나 위협을 꼽았다. 그리고 절반 정도는 경제적 압력도 이유로 꼽았다. 20퍼센트는 생활비를 받지 못할까 봐 걱정했다. 거의 40퍼센트가량은 남편이 가족을 먹여 살리는 대가로 성관계를 해야 한다고 말했다. 절반은 남편이 다른 방식으로 화풀이할까 봐 두려워했고 20퍼센트는 남편이 아이를 괴롭힐까 봐 두려워했다. 약 30퍼센트는 "이것을 정상이라고 여겼다."

강간당한 뒤에 여성이 이혼을 선택하는지 여부도 주로 경제적 요인에 의해 좌우된다. 87퍼센트에 달하는 대다수 여성은 이혼을 선택했고 그중 77퍼센트가 성공했다. 이혼하지 않은 여성 가운데 4분의 3은 주거나 생활비 같은 물질적 이유 때문이라고 말했다.[66] 이런 요인은 특히 아이가 있는 여성에게 큰 부담이 된다. 결혼 생활에서 발생하는 강간을 연구한 다이애나 러셀은 "가계소득의 큰 몫을 담당하는 여성 가운데 처음 강간당한 후 결혼 생활을 지속하는 사람은 단 한 명도 없었다"는 점을 발견했다.[67] 이것은 여성이 강간당하는 것을 즐긴다는 일각의 견해를 반박하기에 충분한 증거다. 청소년을 대상으로 한 조사도 이런 견해를 반박하는데, 압도적 다수의 청소년은 성폭력을 당한 후 관계를 끝냈다. 그러나 이것은 가정과 계급에서 비롯한 복합적 문제가 어떻게 여성을 끔찍한 관계에 옭아매는지도 선명하게 보여 준다. 때때로 이 덫은 여성을 감정적으로 옭아매기

도 해서 여성은 남편을 걱정하고 죄책감을 느끼거나 아무 생각
도 하지 못하게 만든다. 그러나 더 많은 경우 이 덫은 여성을 물
질적으로 옭아맨다. 여성은 돈이 없어서 이혼하지 못하고 그래
서 가난할수록 더 고통받는다.[68]

낯선 사람에 의한 강간

낯선 사람에 의한 강간은 다른 유형의 강간보다 더 적게 일
어나지만 경찰에 신고될 가능성은 가장 높은데, 이것은 여성이
낯선 사람은 기꺼이 신고하려 하기 때문이다. 낯선 사람에 의한
강간은 폭력과 결부되기 십상이다. 이런 강간 가운데 일부는 다
른 범죄 과정에서 벌어진다.[69]

범죄는 명백히 사회적 조건과 관련 있다. 부가 불평등하게 분
배되는 사회는 돈과 관련한 범죄를 낳는다. 자본주의 사회에서
대다수 사람들은 생필품을 사기 위해 노동력을 팔아 돈을 번다.
매우 적게 벌거나 실업 상태에 있는 일부에게는 자신의 필요를
만족시키는 수단이 훔치거나 빚을 지는 것뿐이다. 1844년에 엥
겔스는 다른 곳보다 잉글랜드에서 범죄가 빠르게 증가했다고 썼
다. 특히 신흥 산업도시에서 빨리 증가했다. 엥겔스는 [범죄자의]
교육 수준을 살펴본 후 "범죄자의 압도적 다수가 프롤레타리아"
라고 결론 내렸다.[70] 오늘날에도 사정은 마찬가지다. 데이비드 패
링턴은 최근의 연구에서 다음과 같이 적었다.

위법 행위는 14~20세 사이에 절정에 이르는데, 소년(특히 하층계급의 학교 부적응자)이 매우 충동적이고 유흥, 재물, 사회적 지위에 대한 욕구는 크지만 그것을 합법적으로 만족시킬 기회가 거의 없는 데다 잃을 것도 별로 없기 때문이다. 법적 처벌은 관대하고 친구들(또래 남자)은 대개 위법 행위를 용인한다.[71]

여성의 몸을 부각한 이미지가 도처에 널려 있고 여성과 성관계하는 게 젊은 남성의 능력인 양 여겨지는 사회적 분위기 속에서 일부 남성은 성을 훔치는 것, 즉 강간에 기댄다. 강간에 대한 대다수의 설문 조사는 [강간이 계급 문제와 연결돼 있다는] 결론에 도달한다. 카츠와 머주어는 "이용 가능한 자료를 보면 하층계급은 남녀 관계없이 모두 강간을 비롯한 폭력 범죄에 더 취약하다"고 결론 내렸다.[72] 러셀은 낯선 사람에 의한 강간이 저소득층 젊은 남성과 연관이 있다고 지적했다.[73] 애지턴은 "폭력을 동반한 강간의 피해자는 주로 도시 하층계급의 젊은 흑인 여성"이라고 말했다. 또 애지턴은 강간 가해자가 대체로 "범죄 성향이 강"하고 많은 경우 스스로를 학교의 낙오자라고 생각하고, 집에서는 소외되고 인정받지 못하는 존재로 느낀다고 주장했다.[74]

이런 종류의 강간이 일반적으로 '범죄 성향'이나 범죄와 연관이 있다는 점은 강간 통계(경찰 신고와 수감자 통계에 바탕을 둔다)에 드러난 가해자가 왜 대부분 젊은 하층계급(미국에서는 주로 흑인)인지 설명해 준다. 계급사회는 범죄와 범죄자를 낳는다. 당연히 피해자도 생긴다. 《어떤 여성에게든 물어 보라》를 보면 루스 홀이 인터뷰한 흑인 여성은 5명 가운데 2명 꼴로 인종이나 국적 때문에 폭행을 당했고 3분의 1은 성폭력을 당했다.[75] 루스 홀은 다음과 같이 결론지었다.

재정적으로 매우 불안정한 여성(저임금 노동을 하거나 파트너의 임금이 적고 열악한 집에 살고 자동차가 없는 여성)은 자신의 인종이나 국적 때문에 성폭력이나 성희롱을 당할 가능성이 커지고 … 흑인이거나 수입이 적은 여성은 성폭력이나 성희롱을 당할 가능성이 높다.[76]

어느 계급에 속해 있는지에 따라 여성이 강간을 모면할 가능성도 다른 듯하다. 《미국 26개 도시의 강간 피해 사례》에서 맥더멋은 "최하위 계층의 여성을 대상으로 한 강간 시도는 65퍼센트가 미수인 반면, 최상위 계층의 여성을 대상으로 한 강간 시도는 92퍼센트가 미수였다"는 점을 발견했다.[77]

안타깝게도 그 이유는 나와 있지 않지만 중간계급 또는 상층 중간계급 여성은 대다수 젊은 노동계급 여성보다 사회적 지위가 높기 때문에 권위나 자신감이 더 많다. 이런 요소가 강간을 모면하는 데 영향을 줬을 듯하다. 그러나 동시에 노동계급 여성이 형편없는 대중교통수단에 의존하고 가난한 지역에 사는 등 더 열악한 조건에 놓여 있다는 사실 때문에 이들이 더 쉽게 강간에 노출되는 듯하다.

포르노와 성

지금까지 오늘날 벌어지는 강간(일부에서 과장하는 것처럼 빈번한 건 아니다)의 원인이 자본주의가 성과 가족의 본질을 바꾸고, 남성과 여성을 계급과 성에 따라 서로 다르게 사회화하도록 만든 방식 때문이라고 주장했다. 이제 포르노 문제를 다룰 것인데, 이 글은 포르노가 자본주의적 성을 이루는 핵심 요소가 아니라 자본주의적 성의 산물이라고 주장할 것이다. 이런 주장은 대다수 페미니스트와 많은 좌파가 상식처럼 받아들이는 생각을 거스르는 것이다. 예컨대, 수전 브라운밀러는 "포르노는 여성을 적대하는 선전을 숨김없이 드러내는 핵심"이라고 썼다.[78] 드워킨은 한 인터뷰에서 포르노가 "여성에 대한 성적 학대를 부추긴다"고 주장했다.[79] 《페미니스트 리뷰》와 한 인터뷰에서도 다음과 같이 말했다.

우리가 살고 있는 실제 체제와 동떨어진 내적 생활이 있다는 것은 어리석은 생각입니다. 저는 제가 아는 것을 주장해야 할 책임이 있다고 느낍니다. 제가 아는 사실은 포르노가 현실이라는 것입니다. … [포르노 문제의] 첫 전제는 포르노와 남성 우월주의는 분리할 수 없다는 것입니다.[80]

1970년대 후반에 여성운동은 가부장제 이론을 완전히 받아들였고 여성이 겪는 폭력에 거의 전적으로 몰두했다. 페미니스트들은 하나같이 다음의 두 주장을 받아들였다. 첫째는 "포르노는 이론이고 강간은 실천이다"는 것이고, 둘째는 브라운밀러의 주장, 즉 "강간은 모든 남성이 모든 여성을 공포에 떨게 하려는 의식적인 위협 과정"이라는 것이다.[81]

또 많은 페미니스트는 포르노의 정의를 확대해 여성을 성적으로 묘사한 사진도 모두 포르노라고 규정했다.[82] 이런 식의 규정에 동의하지 않지만 그렇다고 광고와 일간지, 여성 잡지 등의 출판물이 포르노(이용자가 훨씬 적다)만큼이나 여성은 수동적인 성적 대상이라는 편견을 퍼뜨린다는 것을 부정하는 건 아니다. 그러나 포르노와 성차별적 광고를 구분하지 않는 것은 이 둘의 관계나 이 둘과 성 행동의 관계를 이해하는 데 도움이 되지 않는다.

이 글은 포르노가 강간이나 여성 차별의 원인이 아니라고 주장할 것이다. 포르노는 여성을 비하하기 때문에 사회주의자와 페미니스트의 화를 돋우지만 이것은 다른 문제다.

성과 여성의 몸을 노골적으로 묘사하는 것에 대한 태도가 전반적으로 바뀌면서 포르노 이용자도 증가했다. 오늘날 서구에서는 여성이 해변에서 가슴을 드러낸 채 있는 게 충격적이지 않다. 또 사람들은 더 대담하게 성 행동을 하거나 그런 의사가 있음을 숨기지 않는다. 1953년 발표된 킨제이 보고서 이후 미국에서 구강성교를 즐기는 사람이 크게 늘어났다.[83] 애무하는 시간도 킨제이가 조사한 당시에는 2분이었는데 1970년대에는 10분으로 늘어났다.[84] 1970년대에는 압도적 다수의 커플이 '정상 체위'와 다른 다양한 체위를 시도했다.[85] 독일의 일부 사회학자에 따르면, 시청각적 성적 자극에 대한 여성의 반응이 남성의 반응과 비슷해졌다고 한다.[86] 1953년 킨제이 보고서 발표 당시와 비교하면 엄청난 변화다.[87] 다시 말해, 사람들의 성적 욕구는 다양해지고 커졌다. 욕구가 충족되지 않으면 포르노로 그 간극을 메우기도 한다.

결혼하고 이혼하고 재혼하는 사람의 증가와 더불어 결혼 생활에 대한 불만이 보편적임을 보여 주는 몇 가지 사례가 있다. 1965년에 쇼필드는 젊은 남성의 상당수가 결혼 후에는 삶이 지루할 것이므로 그 전에 인생을 즐겨야 한다는 생각을 공유하고 있다고 썼다. 8년 후에는 많은 남성이 결혼으로 성행위에 대한 죄의식이 줄고 걱정은 덜 하지만 따분함을 더 많이 느낀다고 지적했다.[88] 셰어 하이트는 자신의 최근 저서 《여성과 사랑》에서 통계에 드러나지 않는 사람들의 혼란을 지적했다. 거의 90퍼센트의 여성은 일부일처제가 이상적이라고 믿지만 결혼한 지 5년 뒤에는 상당수의 여성이 남편 몰래(적어도 그들 생각에는) 다른 남성과 성관계를 했다. 여성은 주로 남편과 관계가 소원해지면서 다른 남성과 성관계를 맺게 된다고 말했다. 이런 양상은 남성에게도 거의 똑같이 나타나는데, 차이가 있다면 남성의 경우에는 그 시기가 빨라 평균 2년 정도부터 이런 관계를 맺는다는 점이다.[89]

많은 여성은 남성과의 관계에서 어려움을 느낀다. 감정적 문제에 대해 얘기하기를 꺼리는 남성의 태도에 불만을 느끼고, 대화는 점점 줄어든다. 또 관계를 유지하면서 많은 여성은 감정적으로 지치고 심리적 괴로움을 겪으며 사기가 떨어지거나 자신을 비하한다.[90] 포르노의 본질과 이용에 대해 논의할 때 이런 사실을 명심해야 한다.

포르노는 1970~1980년대를 거치며 수십억 달러를 벌어들이는 세계적 사업이 됐다. 포르노 사업은 포르노계의 거물 몇 명이 지배하고 있는데, 연간 수입이 50억~100억 달러로 추정된다.* 이런 변화는 미디어 산업, 컬러 잡지, 컬러 필름과 비디오

---

* 오늘날의 통계는 이 책의 77쪽을 보시오.

등이 전반적으로 발전하는 가운데 이뤄졌다. 영국에서는 포르노 비디오가 100만 개 이상 유통되고 있다.[91] 현재 영국의 15세 이상 인구는 4600만 명이고 40퍼센트의 가정에 비디오가 있다.[92] 아이가 있는 가정의 비디오 보유율은 60퍼센트로 더 높았다.[93] 포르노 영화는 시대에 따라 달라졌다. 예전에는 차고에서 그림 등으로 간단히 배경을 꾸미고 찍었는데, 이제는 [TV 드라마] 〈댈러스〉나 〈다이너스티〉를 찍어도 이상하지 않을 정도로 세련된 세트장에서 촬영한다. 그러나 헤브디치와 애닝은 포르노의 두드러진 특징인 따분함은 변하지 않았다고 지적한다. 포르노 영화는 내용이 판에 박힌 듯 똑같다. 헤브디치와 애닝은 포르노의 90퍼센트가 "흔히 정상이라고 여겨지는 성행위"를 다루고 10퍼센트는 사도마조히즘 등 특이한 유형을 다루고 아동 포르노는 1퍼센트정도라고 설명한다.[94]

포르노를 보는 사람은 주로 젊은 남성이지만 헤브디치와 애닝은 다음과 같은 사실도 지적한다.

커플이 포르노 비디오를 사거나 빌리는 것이 더는 이상하지 않다. 코펜하겐에서 꾸준히 발간되는 여성 잡지의 최근 조사에 의하면 중년의 중간계급 독자 가운데 3분의 1이 자기 전에 파트너와 함께 포르노를 본다. … 호주의 통신 판매 회사의 조사에 의하면 [포르노] 구매자의 30퍼센트 이상이 여성이다. (합법적인 것도) 비용[이

비싸기] 때문에 포르노는 중산층의 취미가 되는 경향이 있다.[95]

비용을 기준으로 계급에 따른 포르노 이용을 판단하는 것은 신중할 필요가 있지만 큰 틀에서 보면 헤브다치와 애닝의 주장은 앞서 다른 분석, 즉 연인이나 부부 관계에서 성관계가 차지하는 비중이 더 커졌고, 지난 수십 년 동안 성에 대한 태도가 변했다는 분석과 일치한다. 포르노를 즐기는 사람은 여전히 소수인 듯하지만 그렇다고 괴짜와 별난 사람의 전유물로 취급할 수도 없다. 남성을 겨냥한 포르노 시장은 확실히 커지고 있고 여성을 겨냥한 시장도 규모는 작지만 커지는 추세다.

1970년 미국에서 음란물과 포르노에 대한 최초의 대통령 자문위원회는 (폭력적이지 않은 방식으로) 성을 노골적으로 표현하는 음란물이 끼치는 영향을 다음과 같이 썼다.

이용 가능한 연구 결과로 볼 때, 음란물이 개인의 습관적 성 행동의 범위나 특징에 결정적 영향을 미친다는 주장은 상당히 의심스럽다. 관찰에 따르면 음란물이 성 행동에 미치는 영향은 단기적이고 일시적인데, 습관적으로 자위행위나 성관계를 한 개인이 그 횟수를 늘린 정도다.[96]

또 이 위원회는 가족 배경이나 성에 대한 보수적 태도 등이

"포르노가 미치는 영향에 대한 진술보다 성범죄나 일탈적 성행위를 예측하는 데 더 도움이 된다"고 생각했다.[97]

일부 연구자는 포르노가 교육적 구실을 할 수 있다고 주장한다. 1978년에 C F 윌슨은 미국의 커플 가운데 20퍼센트가 성생활에 만족하지 못한다는 통계를 인용했다. 윌슨은 포르노가 "이들에게 성행위에 대한 지식을 제공하고 성적 금기를 없애고, 다른 사람들과 성행위를 의논할 자신감을 주고, '새로운 것'을 시도해 보게 하는 등 성적 관계를 대체로 개선했다"고 썼다.[98]

1986년(정치적 분위기가 1970년대와 완전히 달랐다)에 미국 법무부 산하의 한 위원회는 공격적 포르노와 여성에 대한 폭력 사이에 연관이 있다는 결론을 내렸다. 그러나 첫째, 90퍼센트 이상의 포르노가 일반적 성행위를 다룬다는 점을 명심할 필요가 있다. 최근 《플레이보이》에서 나타난 폭력 수위는 명백히 1977년보다 낮다(심지어 어린이 만화보다도 낮다). [창업자] 헤프너가 폭력 수위에 주의하라고 지시했기 때문이다. 1977년에 《플레이보이》와 《펜트하우스》에 실린 사진 가운데 폭력적인 것은 5퍼센트 정도였다. 둘째, 연구자 자신도 폭력적 이미지가 폭력적 행위를 낳는다는 페미니스트와 '도덕적 다수파'의 주장에 영향받는다는 점을 유념해야 한다.

---

* 1979년에 설립된 보수적 정치 단체이고 기독교 우파, 공화당과 연결돼 있었다.

최근의 연구에는 방법적 문제(연구자가 직접 조사 대상을 고르고 매우 인위적 환경에서 실험을 하는 등)가 일부 있지만 몇 가지 발견은 유익하다. 첫째, 도너스타인과 맬러무스(포르노 금지를 주장하는 사람들도 이들의 연구 결과를 이용한다)는 포르노가 남성에게 전혀 영향을 미치지 않음을 발견했다.[99] 그러나 도너스타인은 두 가지 조건이 맞물리면, 즉 포르노가 강간당하는 여성을 적대적으로 그려 남성 시청자가 반감을 느끼고, 여성이 강간을 즐기는 것처럼 묘사하는 경우에는 폭력적인 강간 장면을 본 남성이 여성에게 공격적 태도를 보인다고 발표했다.[100] 맬러무스와 세니티도 비슷한 결과를 제시했다.[101] 역설적이게도 이것은 그들 자신이 다른 조사에서 이끌어 낸 결론과 사뭇 다르다. 앞서 살펴봤듯이, 현실에서 많은 여성은 성폭력을 저지했다. 어떤 여성도 성폭력을 즐기지 않는다. 수동적 시청자와 능동적 강간범이 다르듯이 포르노에 나오는 여성과 현실의 여성은 완전히 다르다. 현실의 여성은 남성이 하려는 행동을 제어하려고 노력하고 현실의 남성은 대부분 이에 귀 기울인다. 바로 이 점이 이런 연구 방식의 치명적 결함이다. 다시 말해, 인간은 상호작용한다는 생각에 기초하지 않고 인간 행동을 단순히 자극에 대한 반응으로 보는 행동과학적 관점으로 접근했다.

많은 페미니스트도 이와 비슷한 관점으로 인간관계를 바라본다. 폭력적 영상에서 남성의 공격성을 자극하는 것은 폭력이

지 성행위가 아니다. 그런데 역설적이게도 '슬래셔 영화'(매우 잔인하고 폭력적이지만 성행위는 거의 포함하지 않는다)가 종종 포르노 대용으로 제작된다. 음란물 규제법을 피할 수 있는 데다 덜 위험하다고 여겨지기 때문이다!

연구자들은 또 다른 중요한 문제, 즉 남성의 화를 가장 많이 돋우는 여성이 누구인지를 보지 못한다. 남성과 가장 자주 갈등하고 싸우는 여성은 당연히 함께 사는 여성이다. 이는 가정이 여성에게 가장 위험한 장소가 될 수 있음을 의미한다. 〈뉴 스테이츠먼〉의 최근 기사는 브로드무어 병원의 심리학과 과장이었던 토니 블랙의 연구를 바탕으로 가족을 살해하는 "살인자의 전형은 사회적으로 인정받고 싶어하지만 감정을 표현하거나 알아채는 데 어려움을 겪는, 조용하고 내향적인 사람일 가능성이 높다"고 주장했다. 토니 블랙은 "많은 살인자는 자신이 이성을 잃을 수 있다는 생각을 전혀 해 본 적이 없고 살인은 오랫동안 억눌려 온 감정을 파괴적으로 표출하는 것"이라고 말했다.[102] 이것은 남성 폭력이 여성을 억누르기 위한 조직적 장치라는 브라운밀러의 주장과 전혀 다르다. 오히려 토니 블랙의 연구는 스트레스에 적절히 대처하지 못하는 것이 부적절한 행동을 낳는다는 점을 보여 준다.

포르노의 본질과 구실은 구체적 맥락에서, 즉 사람들의 삶이 엄청나게 변했고 오늘날 성에 대한 태도는 계속 바뀌는 데다 모순적이라는 맥락에서 살펴봐야 한다. 여성의 은밀한 부분을 담은 사진이나 영상에 사로잡히는 것은, 도처에 성적 이미지가 널려 있지만 실제로 알몸을 드러내는 것은 이상하거나 미친 짓이라고 여기는 사회의 산물이다. [공공장소에서] 알몸을 드러내는 것은 연행될 수 있는 범법 행위다. 남녀가 서로의 신체를 침실에서만 은밀히 보지 않고 공공연하게 볼 수 있다면 남성이 포르노에 매료되는 일은 사라질 것이다.[103]

이것[성을 쉬쉬하는 사회적 분위기]은 왜 일부 사람들이 포르노를 교재 삼아 성을 배우는지도 설명해 준다. 대다수 청소년은 사춘기와 성에 대해 제대로 배우지 못한다. 그래서 포르노는 그들이 다른 어디에서도 찾을 수 없는 답을 제공한다. 《플레이보이》가 성에 대해 조언하는 칼럼을 쓰는 것은 우연이 아니다. 성에 대한 진정한 이해가 다음 세대로 전수되지 못하는 사회에서 주로 남성 독자를 겨냥한 잡지가 여성의 알몸 사진으로 채워진다는 점은 놀랍지 않다. 자본주의 사회의 [왜곡된] 성 구조 하에서 이런 잡지는 아마도 감정적·성적으로 만족스러운 관계의 대체물로 이용될 것이다(턱없이 부족하겠지만 말이다). 그러나 이런 잡지는 인간의 성에 대한 왜곡이며 남성과 여성이 감정적·성적 관계를 발전시키는 데 장애물이 된다.

성관계를 담은 영화나 영상은 미미한 차이가 있는 듯하다. 여성의 알몸 사진은 성을 일방적으로 보여 주지만 영화는 성행위를 하는 여성뿐 아니라 남성도 묘사한다. 성행위 자체가 해롭다고 주장할 게 아니라면 성행위를 보는 게 해롭다는 주장도 사리에 맞지 않는다. (타인의 사생활을 존중하는 차원에서) 다른 사람의 성행위를 보고 싶어 하지 않는 것과 성에 대해 고상한 척하는 태도를 구분하는 것도 중요하다.

물론 포르노는 문제가 있다. 그러나 포르노의 진정한 문제는 그것이 폭력적(대부분 그렇지 않다)이라거나 남성 이용자를 위해 여성의 몸을 성적 대상화한다(이 점은 문제지만 단지 포르노만의 문제가 아니다)는 게 아니라 성행위를 실제 인간관계와 떼어내 맥락 없이 그린다는 점이다. [상호작용하는게 아니라 그저] 한 사람이 다른 사람의 행동에 반응하는 건 성행위가 아니라 익명의 이용자를 위해 육체적 행위를 묘사하는 것이다. 포르노는 성행위를 완전히 고립시키고 대상화해 보여 준다. 포르노는 성이 상품처럼 팔리고 여성 차별이 생활 곳곳에 매우 확고하게 스며들어 있는 사회를 반영하는 거울이다. 그러나 포르노라는 거울은 현실을 왜곡하기도 한다. 현실의 인간은 역동적인 삶을 산다. 다시 말해, 인간은 서로 대화하고 논쟁하고 싸우고 자신과 타인을 바꾸고자 노력한다. 남성과 여성은 서로에게 영향을 미친다. 포르노는 바로 인간관계의 이런 역동성을 생략한다.

동시에 사람들의 [성적 욕구와 현실 사이에] 실제로 간극이 있고 일부 사람은 포르노로 이 간극을 부분적으로 메운다. 그러나 성적 흥분이나 대리 만족을 위해, 또는 성에 대한 정보를 얻고자 포르노를 보는 사람들은 자신의 삶이 완전히 바뀌면 기꺼이 포르노를 멀리할 것이다. 여성을 때리고 강간하고 살해하는 남성은 (압도적 다수가 권력에서 배제된 사회에서) 망가진 개인이다. 대다수 남성은 이런 일을 하지 않는다. 대다수 사람들은 인간관계와 가정을 잘 유지해야 한다는 압력에 그럭저럭 잘 대처하고 주변의 가까운 사람들에게서 애정과 위안을 찾는다. 여성은 망가진 일부 개인 때문에 큰 대가를 치른다. 이런 망가진 개인을 남성 지배의 성공적 사례로 보는 것은 개인을 파괴하는 사회적 힘을 완전히 간과하는 것이다. 이런 망가진 개인을 딱하게 여겨야지 희생양 삼아서는 안 된다.

결론

《인터내셔널 소셜리즘》은 우리 주변에서 일어나는 변화를 이해하고자 노력해 왔고 지난 여러 호에서는 후기 자본주의 사회에서 여성 차별의 특징이 변화했다는 점을 다뤄 왔다. 이런 변화는 성에 영향을 미치기도 했다. 불행하게도 많은 논쟁은 급진주의 페미니스트가 주도했는데, 이들은 가부장제 이론이라는 프리즘을 통해 세계를 보고 여성의 [낮은] 지위를 강간, 포르노,

남성의 개인적 폭력에 바탕을 두고 설명했다. 이런 접근 방법은 짚고 넘어가야 할 내용을 모호하게 만들고, 복잡한 과정을 남성 행동이라는 일차원의 문제로 환원한다. 이 글은 자본주의 사회의 변화와 여성의 삶의 변화라는 맥락 속에서 강간의 양산과 포르노를 설명하려 했다.

집 밖에서 임금노동을 하고 피임과 임신중절을 할 수 있게 된 덕분에 여성의 사회적 비중은 더 커졌고 자신의 삶과 몸을 통제할 수 있다는 여성의 기대도 높아졌다. 여성들은 평등하게 대우받고 존중받기를 원하고 만족스러운 인간관계를 맺기를 바란다. 이런 변화는 가족에도 영향을 미쳐 가족의 규모가 줄었다. 가족은 여전히 육아와 다음 세대의 노동력 재생산을 담당한다. 그러나 이에 드는 시간은 과거에 비해 줄었다. 그렇지만 (여성에게 가사 노동과 임금노동이라는 이중의 부담을 지우고, 여성 차별의 뿌리인) 가족은 여전히 모든 사람의 삶을 형성하는 제도다. 여성은 경제적·사회적 독립성이 커지고 기대도 늘어났지만 여전히 불평등한 처지에 놓여 있다. 노동계급 여성은 계급과 성이 맞물린 불평등을 겪는다.

여성의 삶의 변화는 일상생활의 모든 측면이 상품생산에 종속된 사회에서 이뤄졌다. 우리가 먹는 음식, 사는 집, 이용하는 교통수단, 입는 옷, 오락과 여가 시설은 전부 자본주의 사회의 법칙에 종속돼 있다. 성도 예외가 아니고 예외일 수도 없다. 한편으로 임신·출산에 대한 통제로 성관계는 곧 임신이라는 철의 법칙이 깨졌다. 여기에 더해 시대적 배경, 즉 '관대한 60년대'의 영향력 때문에 성에 대한 태도는 빅토리아 시대와는 비교할 수 없을 정도로 개방적으로 바뀌었다. 이제 여성과 남성은 결혼하지 않고도 개인적·성적 관계를 맺을 수 있고 학교에서는 최소한의 성교육을 한다.

오늘날에는 여성이 성관계를 즐길 수 있는 성적 존재라는 것이 당연하게 여겨진다. 이것은 상당한 진보다. 이런 변화의 결과로 오늘날의 논쟁은 여성이 강간과 폭력의 두려움 없이 성을 즐겨야 한다는 것을 주제로 벌어진다. 19세기에 성에 관한 논쟁은 성매매에 반대하는 캠페인의 형태로 벌어졌다. 이것은 성 전반에 대해 억압적 태도를 취하게 하고 '훌륭한' 여성은 성관계를 즐기지 않는다는 생각을 강화했다. 예전과 달리 선진 자본주의 사회에서는 여성 노동자가 생존을 위해 성매매를 해야 할 필요는 없다. 그러나 여전히 여성의 성은 삶 전체를 결정하는 불평등이라는 덫에 걸려 있다.

자본주의로 인해 더 개방적이고 만족스러운 성생활의 가능성이 열렸지만 이런 가능성은 남성과 여성 다수가 착취당하고 여성 차별에 바탕을 둔 사회에 내재한 모순에 가로막혀 있다. 성은 남성과 여성이 통제할 수 없는 하나의 상품이 됐다. 이 상품은 남성이 (정당한 수단으로든 부정한 수단으로든) 여성에게서 얻는 상품이고 다른 상품을 판매하는 데도 이용된다. 압도적 다수의 일상생활은 스트레스와 긴장으로 가득 차 있기 때문에 만족스러운 성생활은 그저 꿈 같은 일이다. 성공적인 성관계에 대한 기대가 흔히 개인 관계에 큰 영향을 준다는 사실 때문에 압박은 커지고 현실과의 괴리가 더 크게 느껴진다. 이런 모순적 압력은 매우 강해서 이런 기대를 충족하는 데 방해가 된다.

인간의 필요가 충족되는 사회에서 성은 완전히 새로운 방식으로 경험하게 되는 것 중 하나가 될 것이다. 그러나 오늘날의 세계에서는 모순적 압력이 사람들의 삶에 계속 영향을 미칠 것이다. [이런 압력 속에서도] 많은 사람은 애정이나 만족을 얻기 위해 분투하겠지만 소수는 이런 압력에 무릎 꿇고 망가질 것이다. 그리고 그 형태는 다양하게 나타날 것이다.

이 글은 그런 형태 가운데 단 두 가지, 즉 강간과 포르노만 다뤘다. 여기에 정치적 이유가 있다. 오랫동안 혁명적 사회주의자는 강간과 포르노 문제를 놓고 페미니스트와 일부 사회주의자와 논쟁을 벌였는데, 이들은 사회를 이해하는 데 계급의 중요성을 기각했다.[104] 1970년대 말과 1980년대 초 계급투쟁이 쇠퇴하고 이로 인한 우경화 때문에 여성운동은 여성이 겪는 폭력에 집중했다. 이것은 모순적 결과를 낳았다. 한편으로는 폭력이 여성이 겪는 현실적 문제임이 드러났다. 다른 한편으로 이런 움직임의 바탕이 된 정치적 분석은 여성의 관심을 사회에 실질적으로 도전하는 데서 다른 곳으로 돌렸다. 급진주의 페미니스트는 여성이 겪는 폭력이 여성에 대한 남성 권력의 증거라고 잘못 봤다. 또한 강간과 포르노를 대다수 남성과 여성이 권력에서 배제된 결과로 보지 않고 남성 권력 탓으로 돌렸다.

이런 분석에 바탕해 (페미니스트는 강간과 포르노를 만들어 내는 사회를 전복하기 위해 노동계급 남성과 여성이 단결하자고 주장하지 않고) 여성이 각자 일상생활에서 남성과 싸우라고 독려했다. 여성이 겪는 폭력을 둘러싼 논쟁은 사회주의 페미니즘과 사회주의 사상을 주변화하고 오히려 부르주아 사상을 강화했다. 이 글은 강간과 포르노에 대한 급진주의 페미니스트의 이론이 불충분할 뿐 아니라 잘못됐다고 주장하고, 여성 차별의 이런 측면을 더 잘 이해하기 위한 틀을 제공하려 했다. 이 글이 마르크스주의가 세계를 변혁하는 지침으로서 급진주의 페미니즘보다 훨씬 뛰어나다는 것을 확신하는 데 보탬이 되길 바란다.

성매매 논쟁: 성, 소외, 자본주의

최근 《인터내셔널 소셜리즘》에는 마르크스주의자가 성 노동을* 어떻게 봐야 하는지를 둘러싼 논쟁 글이 계속 실렸다. 제인 프리처드가 쓴 "성 노동 논쟁"을[1] 개러스 데일과 잰시 로즈가 비판적으로 논평했다.[2] 제스 에드워즈는 "성차별과 성 노동"이라는[3] 글을 써 이들의 주장을 비판했고, 데일과 로즈가 다시 반박했다.[4]

프리처드의 글은 성 노동을 다루는 두 상반된 입장인 '금지

출처: "Sexuality, alienation and capitalism", *International Socialism* 130(Spring 2011).

* 이 글에서 '성 노동'이라는 단어를 사용한 이유는 '성 노동'을 여느 직업과 같다고 여겨서가 아니라 성매매를 도덕적으로 비난하는 견해와 거리를 두기 위해서다 — 지은이.

론'과 '비범죄화론'을 다뤘다. 또한 성을 판매하는 것이 "여느 직업과 다를 바 없다"는[5] 관점도 비판했다. 논쟁에 참가한 사람들은 모두 성 노동이 자본주의 하에서는 "폐지"될 수 없다고 주장했다. 성 판매자와 구매자를 비범죄화해야 한다는 점에도 모두 동의했다. 또한 성 노동이 여성 차별과 소외, 자본주의 사회에서 비롯된 현상이란 점에도 다들 이견이 없었다.

논쟁점은 인간 성의 본질과 정체성에 대한 것이었다.[6] 데일과 로즈는 프리처드의 주장이 "성 행동을 인간의 근본적이고 내면적인 자아와 분리할 수 없는 것으로 바라보는 이상주의적 관점"에 기초한다고 비판했다.[7] 프리처드는 성행위가 "인간 본성의 일부이며 사람들에게 충만감을 줄 수 있는 행동이자 개인 정체성의 아주 중요한 일부"라고 주장했다.[8] 반면 데일과 로즈는 "개인 정체성의 핵심적 요소(그것이 무엇이든)에 성이 포함된다고 치더라도 개인의 성적 행위를 모두 정체성의 핵심적 요소로 여길 수는 없다"고 주장했다.[9]

성이 인간 본성의 근본적 요소가 아니라는 데일과 로즈의 주장이 맞다면, 프리처드뿐 아니라 내가 1989년에 쓴 논문, 크리스 하먼과 주디스 오어가 각각 1994년과 2010년에 쓴 논문도 모두 틀린 전제를 바탕으로 쓴 셈이다. 또한 프리드리히 엥겔스와 아우구스트 베벨, 알렉산드라 콜론타이 같은 저명한 마르크스주의자도 잘못된 전제에서 출발한 셈이 된다. '이것이 마르크스주의 전통이이 무조건 옳다'고 말하려는 게 아니라 그만큼 근본적인 문제라 이 논쟁의 결과에 따라 많은 게 달라질 수 있음을 말하려는 것이다(이 논쟁이 다소 험한 분위기 속에서 이뤄졌던 까닭은 아마 이 때문일 것이다).[10]

따라서 인간의 성과 그것이 소외, 여성 차별과 어떻게 상호작용하는지 더 명확하게 이해할 필요가 있다.[11] 또한 1990년대 이후 만연해진 신자유주의가 (성 노동의 증가를 포함해) 인간의 성적 관계에 어떤 영향을 미쳤는지도 이해할 필요가 있다. 이런 이해는 성 산업 '주류화'에 대한 마르크스주의적 분석을 정교히 발전시키는 데도 매우 중요하다. 또한 미래 사회주의 사회가 어떤 모습일지를 이해하는 데도 도움이 될 것이다.

선사시대의 성

1980년대에 혁명적 사회주의자는 급진주의 페미니스트의 주장, 즉 남성은 본성적으로 공격적이고 폭력적이고 강간은 여성을 억누르기 위한 남성의 무기라는 주장을 비판했다.[12] 오늘날의 논쟁은 당시와 매우 다르지만 여전히 인간의 성을 (인간 사회의 발전과 인간 본성에 대한) 유물론적 이해에 기초해 분석하는 것은 중요하다.[13] 이 글은 인간의 성행위를 당연한 것으로 여길 것인데, 성관계가 없었다면 인류는 진화할 수 없었을 것이기 때문이다. 이런 진화 과정에서 현생인류가 등장했고 인류의 성도 발달했다.

마르크스와 엥겔스는 생산과 재생산이 조직되는 방식을 기초로 인간 사회를 분석했다. 남성과 여성이 생존을 위해 사용한 수단이 성 행동을 포함해 인간 행동의 발달에 중요한 영향을 미친다고 봤기 때문이다. 엥겔스는 더 나아가 노동이 유인원에서 인간으로 진화하는 데서 핵심적 구실을 했다고 주장했다.[14] 인류는 수백만 년에 걸쳐 "문화적 도구 제작자", 즉 생존을 위해 상호 협력하고 소통하는 사회적 존재로 발달했다.[15]

하먼은 (인류와 유전적으로 가장 가까운) 피그미침팬지의 성행위 양상이 400만년 전 즈음부터 바뀌고 있었다고 지적한다. 암컷 피그미침팬지는 자신의 성적 욕구를 몸짓으로 표현하고 성행위를 먼저 시작하기도 한다.[16] 하먼은 인류에게 더 큰 사회조직이 필요했다는 사실은 "남녀가 침팬지처럼 한 달의 며칠 동안만 집중적으로 짝짓기 하기보다는 지속적 관계를 유지하도록 고무했을 것이고, 이 점이 아마도 여성의 성에 영향을 주었을 것"이라고 덧붙인다.[17] 유인원이 인간으로 진화하는 데서 노동, 문화, 도구 제작이 중요한 구실을 했고, 이것은 인류의 성과 성적 관계에도 영향을 미쳤다.

엥겔스는 선사시대에는 계급, 억압적 국가, 남녀 불평등이 존재하지 않았다고 주장했다.[18] 또한 성별 분업은 있었지만 여성 차별은 없었다고 썼다. 후대의 수많은 마르크스주의 인류학자와 페미니스트 인류학자는 엥겔스의 주장을 뒷받침하는 증거를 발견했다. 이 인류학자들은 초기 인류가 소규모 수렵·채집 무리로 진화했고, 남성과 여성은 무리의 생존을 위해 협력했다고 한목소리로 말한다.[19] 일부 지역에는 20세기 중반까지도 이런 수렵·채집 무리가 존재했는데, 이 무리에는 위계질서가 없었고 남성과 여성의 관계는 협력적이고 평등했다. 인류 사회가 이렇게 성적으로 평등할 수 있었던 것은 (주로 여성이 한) 채집과 (주로 남성이 한) 수렵이 모두 무리의 생존에 매우 중요했기 때문이다.[20] 북미의 일부 수렵·채집 부족은 성 역할을 가변적인 것으로 여겼고, 그래서 어린아이는 자신의 생물학적 성과 다른 성 역할을 수행할 수 있었다.[21]

이렇듯 인간의 성 행동은 평등하고 협력적인 분위기 속에서 발달했다. 인류는 합의하에 성관계를 맺었을 가능성이 크다. 인간은 1년 중 특정 시기에만 "교미"하지 않기 때문에 인간의 성은 재생산이라는 직접적 필요에 구속되지 않고 성적 즐거움을 향유할 수 있도록 진화한 듯하다. 초기 인류 사회는 시간에 크게 구애받지 않는 사회였다. 남녀 할 것 없이 여가 시간을 충분히 누렸을 것이고 그 덕분에 더 편안한 인간관계가 형성됐을 것이다.[22] [의식적] 노동은 인간을 다른 동물과 구분되는 독특한 종으로 만들었고 이런 과정에서 인간은 성적 즐거움을 향유하도록 진화했다.

이런 분석은 데일과 로즈가 말하는 "성 행동을 인간의 근본적이고 내면적인 자아와 분리할 수 없는 것으로 바라보는 이상주의적 관점"이 아니다.[23] 오히려 이런 분석은 진화라는 사실에서 출발하고 인간이 [의식적 노동을 통해] 자연과 교감하며 생산과 재생산을 하면서 인류가 발전했다고 보는 유물론적 관점이다. 인간에게는 시각, 청각, 후각, 촉각, 미각이라는 오감이 있다. 그러나 인간의 오감이 발달하는 방식은 주변 환경에 크게 좌우된다. 인간에게는 말하는 능력이 있지만 태어나 자란 사회에 따라 사용하는 언어는 완전히 다르다. 인간의 성도 마찬가지여서 사회에 따라 성에 대한 태도가 다르다.

여성 차별과 계급사회

선사시대의 특징이었던 평등한 남녀관계는 농경의 발달과 함께 끝났다. 엥겔스는 여성 차별이 계급사회와 가족의 등장과 긴밀히 연결돼 있다고 주장했다.[24] [계급의 등장으로] 대다수 남성과 여성이 소수 지배계급에게 종속된 것과 꼭 마찬가지로 [가족 안에서] 여성은 남성에게 종속됐다. 이런 역사적 변화 과정에서 평등과 연대에 기초한 인간관계는 파괴됐다. 이후 잇따른 계급사회에서는 인간관계가 사회의 필요에 맞게 바뀌었다.

해나 디는 자본주의 이전 사회에서 인간이 맺은 다양한 관계를 살펴본 후 이전 사회에서는 동성애가 자연스러운 관계로 용인됐음을 밝혔다.[25] 콜론타이는 봉건사회의 다양한 사랑에 대한 흥미로운 주장을 했다.[26] 그렇지만 모든 계급사회를 통틀어 변치 않은 공통점도 있는데, 그것은 바로 가족제도와 여성 차별이 존재하고 여성의 성을 사회의 재생산 필요를 위한 수단으로만 여긴다는 점이다.

자본주의의 등장으로 성적 관계는 더 한층 극적이고 모순적으로 바뀌었다. 초기 자본주의는 사람들을 닥치는 대로 광산과 공장으로 끌어들여 생산 단위였던 봉건적 가족 형태를 산산조각 냈다. 이 과정은 기존 사회에 엄청난 충격을 미쳤고 마르크스와 엥겔스는 노동계급 가족이 사라질 것이라고 예상했다. 이들의 예상은 틀렸는데, 신흥 부르주아계급이 가족을 재확립하려 나섰기 때문이다. 부르주아계급은 노동계급 재생산을 위해 노동계급 가족이 필요했다. 다시 말해, 이들에게 노동계급 가족은 다음 세대 노동자를 낳아 생산과정에 투입할 수 있도록 기르는 공간이었다. 노동계급 대중도 재확립된 가족을 어느 정도 환영했는데, 가족이 산업화의 공포와 비참함에서 자신을 보호해 줄 수 있다고 여겼기 때문이다.[27] 그러나 가족이 재확립되는 과정에서 성적 관계를 규제하는 각종 법률도 생겨났다.

1834년에 개정된 구빈법은 구빈원을 제외한 시설이 미혼모를 지원하지 못하도록 만들어 혼전 성관계 관행을 없애려 했다. 1880년대에 개정된 다른 법률은 여성의 성관계 동의 연령을 높이고, 음란 행위와 매춘과 동성애를 규제했다. 이것은 성관계를 할 수 있는 합법적 장소는 부부의 침실뿐이라는(적어도 여성에게는) 점을 확립하려는 시도의 일환이었다.[28]

노동계급 가족이 재확립되면서 여성은 다시 한 번 남성에게 종속됐고 여성 차별은 계속됐다. 가족은 남녀의 성 역할을 나누고 여성이 집안에서 재생산 부담을 떠맡도록 만들었다. 이것은 집 안팎에서 여성에 대한 차별, 예컨대 법적 불평등, 더 낮은 임금, 성차별 등으로 이어졌다. 또한 여성은 남성의 성적 욕구를 충족해야 한다고 여겨졌다.

그러나 자본주의 가족의 기반은 완전히 바뀌어 이제 가족은 봉건제 사회에서처럼 생산 단위가 아니라 소비 단위가 됐다. 이것은 남녀 관계의 기초도 엥겔스가 말한 "개인적 성애"로 바꾸었다. 엥겔스는 "현대 자본주의 사회에서 사람들은 애정을 바탕으로 자유롭게 결혼하거나 동거한다"고 썼다.[29]

가정용품의 대량생산과 그로 인한 상업광고는 가정용품의

소비자인 여성에게 초점을 맞췄다. 또한 상업광고는 여성이 성과 외모를 이용해 남편의 관심을 유지하라고 부추겼다. "여성이 자신의 외모와 몸매에 신경 써야 한다는 압력은 갈수록 커졌다. 아름다움과 성적 만족감이 소비와 금전 거래에 종속됐다."[30] 이것이 대다수 여성에게 뜻했던 엄청난 변화를 과소평가해서는 안 된다. 여성이 무엇을 구입하는지가 갑자기 중요해졌다. 그리고 여성은 성적으로 매력적이야 한다고 부추겨졌다. 자본주의는 여성이라는 이름 옆에 소비자라는 단어를 써 넣었다. 여성의 몸역시 소비 관계에 종속됐다.

그러나 자본주의 사회의 다른 장기적 변화는 엄마, 아빠, 아이로 이뤄진 노동계급 가족을 약화시켰다. 이 변화는 여성의 지위에 거대한 모순을 낳았고 남녀 모두의 성에 심대한 영향을 끼쳤다.

가장 중요한 변화는 자본주의가 노동계급 여성을 매우 체계적으로 가정 밖의 임금노동으로 끌어들였다는 것이다(이전 사회에서도 여성이 생산 과정과 완전히 무관했던 적은 없었다).

주디스 오어가 지적하듯이 "오늘날 영국에서 대다수 성인 여성(71퍼센트)은 집 밖에서 일한다. … 여성은 영국 전체 노동인구의 거의 절반을 차지한다."[31] 여성의 경제적 자립으로 이혼이 늘고, 결혼이 줄고, 한부모 가정이 많아졌다.

또 다른 중요한 변화는 안전한 피임법이 발명되고 임신중절이 합법화된 것이다. 이 덕분에 여성은 아이를 언제, 몇 명을 낳을지 계획할 수 있었고 점점 더 많은 여성이 더 늦게 결혼하고 아이를 더 적게 낳았다. 피임과 임신중절은 성과 생식을 더한층 분리해 여성은 임신에 대한 두려움 없이 성적 즐거움을 누릴 수 있게 됐다.

또 다른 변화는 의무 교육의 등장인데, 이것은 (가족의 임무였던) 새 세대를 사회화하고 훈련하는 일을 국가가 부분적으로 맡게 된 것이다. 한편 가정용품의 생산은 거의 전적으로 시장에 맡겨졌다.

여성해방운동의 부상과 쇠퇴

제2차세계대전 이후 여성은 집 밖의 임금노동으로 대거 유입되고 많은 젊은 여성은 남성과 더불어 대학 교육을 받았다. 1950년대를 지배하던 보수적 윤리는 여성 노동자와 학생의 열망과 충돌했다.[32] 이것은 1960년대 말에 다양한 해방운동과 함께 등장한 여성해방운동의 배경이 됐다.[33]

여성해방운동의 핵심 요구는 동일노동 동일임금과 24시간 보육 시설, 성차별 철폐, 자유로운 피임과 임신중절 허용이었다.[34] 또한 여성해방운동은 지적 능력, 일자리, 성을 둘러싼 성별 고

정관념에도 도전했다. 여성해방운동이 부상할 수 있었던 것은 여러모로 바뀐 사회적 분위기 덕분이다. 사람들은 성과 섹슈얼리티를 더 공개적으로 논의했고, 젊은 여성은 짧은 치마를 입고 짧은 머리를 할 수 있게 됐다. 젊은 남성은 머리를 기를 수 있었고, 남녀가 모두 청바지를 즐겨 입었다. 젊은 남녀는 자신의 몸과 성, 출산 여부도 온전히 자신이 결정할 수 있길 바랐다.

젊은 여성은 일자리에서 '금녀의 벽'을 허물기 원했을 뿐 아니라 '헤픈 여성'으로 보이지 않으면서도 남성만큼 당당하게 혼전 성관계를 맺길 바랐다.[35] 여성과 남성 누구나 여성의 성을 진지하게 논할 수 있는 공간이 열렸고, 여성이 오르가슴에 다다르는 방법도 그런 주제 중 하나였다. 젊은 여성은 성적 즐거움을 누릴 권리를 요구했는데, 매스터스앤드존슨 연구팀의 작업이 그것을 뒷받침했고 셰어 하이트는 "대다수 여성이 성기 삽입이 아니라 음핵 자극으로 오르가슴을 느낀다"는 중요한 사실을 밝혀냈다.[36] 성별 고정관념이 줄어들기 시작하면서 여성뿐 아니라 남성도 성별보다는 개성에 맞게 잠재력을 꽃피울 기회가 생겼다. 여성 차별이 여성의 발전을 심각하게 가로막던 사회에서는 남성도 제약을 받았기 때문이다.

이 무렵 영국의 노동계급은 사기가 올라 기업주와 정부에 맞선 주요 투쟁에서 승리했다. 노동계급의 단결은 피켓라인 수호와 모금 활동, 연대 파업으로 나타났다. 이렇게 노동계급이 단결한 경험 덕분에 사회주의자와 페미니스트는 남성이 다수를 차지하는 노동조합운동 안에서 여성이 임신중절과 피임으로 자신의 성을 통제할 권리가 있다는 것에 대한 광범한 지지를 이끌어 낼 수 있었다.[37]

한 번 바뀐 여성의 지위와 역할은 그 뒤로도 적잖이 유지됐지만 1968년 운동이 낳은 낙관주의가 사그라지면서 여성해방에 관한 여러 구상도 사라졌다. 여성해방에 역행하는 흐름이 곳곳에서 나타났는데, 이것은 더 큰 사회적 변화의 맥락 속에서 벌어진 일이었다. 1970년대 말에는 임금 억제와 노동 악법에 맞선 노동계급의 저항이 점차 쇠퇴했고 그 결과 마거릿 대처가 이끈 보수당 정권이 들어설 수 있었다.

노동계급의 결속력이 약해지자 일부 페미니스트는 여성 차별의 뿌리가 남성의 생물학적 특징에 있고 남성은 강간을 무기로 여성을 굴종시키려 한다고 주장하기 시작했다. 주류 페미니스트는 여성해방운동의 요구가 남성성에 "위기"를 일으켰다고 주장했다. 또 인간 행위를 유전자나 뇌로 설명할 수 있다는 개념이 부활해 "사내아이는 원래 그렇다"는 말처럼 성별 고정관념은 선천적이라는 생각을 부채질했다.

1980년대 말에 페미니즘과 사회주의·여성해방 사상을 잇는 고리가 끊기자 남성의 성차별적 생각이 되살아났다. 우파 정치인과 언론이 주도한 "정치적 올바름" 공격은 "여성을 집으로 돌려보내는" 데는 실패했지만 남성의 성차별적 생각을 부추기고 남성과 여성 사이에는 근본적인 차이가 있다는 견해를 다시 퍼뜨렸다.

신자유주의와 성

그러나 이런 배경이 최근의 성 산업의 주류화 현상, 즉 수많은 여성이 성 산업에 종사하거나 이를 자연스럽게 받아들이는 것을 설명하지는 못한다. 주디스 오어는 '야한 문화'가 여성의 지위를 향상시키는 것인 양 선전되는 방식은 성 산업의 주류화를 부분적으로 설명할 수 있다고 말한다. "야한 문화는 여성운동의 역사와 언어를 도용해 여성이 단지 타인의 쾌락을 위한 도구가 되면 안 되고 자신의 성적 필요와 욕구를 내세울 수 있어야 한다고 떠들지만, 실제로는 여성을 더더욱 그런 도구로 사용한다."[38]

'성'을 상품화하는 방식도 성 산업의 주류화에 중요한 요소다. 인간 본성의 한 측면인 성이 인간에게서 분리되고 비인격적 상

---

* 인종, 성, 성적 지향 등에 대한 차별적 표현을 쓰지 말자는 운동이다.

품으로 가공돼 인간에게 도로 팔렸다.[39] 그리고 이런 성의 소외 과정에 여성 차별은 영향을 미친다. 그래서 성 산업은 압도적으로 여성의 몸에 대한 이미지를 팔거나 여성을 동원한 성적 서비스로 돈을 번다.[40]

성 산업은 아주 수익성이 좋아서 전 세계의 연간 수익은 성인 비디오 판매 수익 200억 달러와 성매매 알선 회사의 수익 110억 달러 등 총 570억 달러로 추정된다. 포르노그래피의 연간 수익은 프로 축구, 야구, 농구의 중계 수익을 모두 합한 것보다 크다.[41] 이 때문에 "성 산업 업계의 가치, 이미지, 행동, 옷차림이 끊임없이 주류 문화와 사회로 스며든다." 이것은 여성의 몸과 성을 판매하는 게 "여느 직업과 같다"는 주장을 부추긴다.[42]

왜 이런 일이 발생했을까? 이 물음에 답하려면 노동계급 가족이 빠르게 변하고 노동계급 운동이 약해져 계급 연대의 전통이 흐려지는 맥락 속에서 신자유주의가 성에 가한 충격을 살펴봐야 한다.[43]

오어와 프리처드는 노동계급 가족이 노동계급을 재생산하는 장소이자 여성의 이상적 공간으로 계속해서 복원된다고 옳게 지적했다. 개별화된 재생산, 즉 가족은 여전히 여성 차별의 근원이다. 그러나 이것이 그림의 전부는 아니다. 신자유주의는 노동계급 가족을 약화시켰고, 이것은 더한층의 성적 소외와 상품화를 낳았다.

지난 40년 동안 성적 관계는 엄청나게 변했다. 성행위는 더는 결혼 관계에 국한되지 않는다. 여자아이와 남자아이는 더 일찍 성숙하고 성적 관계도 일찍 시작한다. 여성은 더 늦게 아이를 낳으려 한다. 갈수록 더 많은 여성이 아이를 낳지 않는다. 이혼은 더 쉬워졌다. 더 많은 사람이 결혼하지 않고 한 파트너(또는 여러 명과 시기를 달리해)와 동거한다. 동성 관계도 어느 정도 인정되는데, 이것은 얼마 전에는 생각할 수 없는 것이었다. 일부 사람은 성적 지향을 바꾸고 일부 사람은 양성애자로 산다.

이런 변화의 결과로 여성과 남성은 선택할 수 있는 관계의 폭이 훨씬 더 넓어졌다. 또 다른 결과는 사람들이 (결혼을 했든 안 했든) 장기적 관계 속에서 성애와 애정(엥겔스는 "개인적 성애"라고 불렀다)을 기대한다는 점이다(이런 관계가 오래 지속되지 못할 수도 있지만 말이다). 이 때문에 사람들의 성적 경험은 예전보다 훨씬 더 다양하다.

그러나 이런 변화는 노동계급의 긴장된 삶과 함께 봐야 한다. 여자아이에게든 남자아이에게든 성교육이 턱없이 부족하다. 관리자의 감시와 실적 달성 압력이 심해져 사람들은 더 긴 시간 일한다. 자본주의 사회는 "인간의 모든 필요를 상품으로 만들어" 겉보기에는 인간의 필요를 맥도날드에서 햄버거 사듯이 쉽게 충족할 수 있을 듯하다.[44] 주말에는 [이런 상품 중 하나인] 술과 약물로 주중에 쌓인 노동의 고단함을 잊는다.[45]

그러나 인간의 성적 욕구는 이런 식으로 충족될 수 없다. 매우 친밀한 관계는 상대방을 동등하고 욕구도 있는 인간으로 인정할 때 가능하다. 인간의 성애는 인간적 끌림뿐 아니라 인간적 환경·관계, 시간, 인내심을 바탕으로 한다. [자본주의 사회에서는] 사람들의 삶의 방식 자체가 만족스러운 성적 관계를 어렵게 만든다. [이렇게 충족되지 못하는 욕구가 있다 보니] 성 산업이 그 틈을 포르노 영상, 성인 용품, 랩댄스 클럽, 성매매 알선, 전통적 방식인 거리의 성매매로 메우려 노리는 것이다.

이 과정에서 성 산업은 여성과 남성을 각각 성적 대상과 성 구매자로 묘사해 성적 편견을 강화한다. 이것은 여성이 자신의 성적 욕구를 부정하도록 만들고 여성은 희롱하거나 돈으로 살 수 있는 대상이라는 남성의 편견을 부추긴다. 피임 덕분에 남성과 여성은 "맬턴에서 하차할 필요 없이"[46] 성적 관계를 발전시킬 수 있었다. 그렇지만 랩댄스 등 성적 '감상물'이 진정한 성적 관계를 대체했다. 진정한 [인간관계를 맺으며 하는] 성행위가 지겹다고 한 패리스 힐턴이 최근 아이콘으로 떠오른 것은 어쩌면 이런 현실에 어울리는 일일 수 있다. 이것은 1967년에 아이콘으로 떠오른 제인 버킨과 사뭇 대조적인데, 버킨은 [남편] 세르주 갱스부르와 〈널 사랑해 … 나도 아니야〉를 부르며 거의 오르가슴을 느끼는 듯했다.[47]

성 노동에 대한 마르크스주의적 접근

지금까지 다룬 내용은 마르크스주의자가 가족과 성 노동에 대한 견해를 정립하는 데 필요한 기본 전제를 암시한다. 첫째, 남성과 여성이 모두 해방됐는지를 가늠하는 한 척도는 성별에 관계없이 누구나 자신의 잠재력을 온전히 발휘하는지다. 둘째, 마르크스주의자는 매력, 상호 합의, 호감에 따른 자유로운 성적 관계가 가능하다고 전망한다. 그 관계가 얼마나 오래갈지, 동성 간일지 이성 간일지, 나이 차가 클지 적을지 등은 오직 당사자들이 결정할 문제일 것이다. 인격의 모든 측면을 계발하도록 고무하는 사회에서는 사람들이 특정한 "애정" 관계에만 의존하지 않고 연대를 바탕으로 더 다양한 관계를 맺을 것이다.[48]

이런 전망은 사회가 완전히 바뀌어야 가능하다. 완전한 사회 변화는 이윤 극대화가 아니라 인간의 필요에 따라 생산할 때만 가능하다. 우리에게 필요한 것을 토론으로 결정한다면 상품 판매가 목적인 광고는 사라질 것이다. 특히 이런 사회에서는 가족이 수행하던 일을 모두 사회화해 성인 사이든 성인과 아동 사이든 다른 형태의 애정·돌봄 관계가 발전할 것이다. 또한 성 산업이 사라져 여성은 더는 자신의 몸을 성적으로 판매하지 않을 것이고 남성은 포르노나 랩댄스를 보거나 성 상품을 구매하지 않을 것이다.

그렇다면 오늘날 현실에서 성 노동자의 조직화는 어떻게 봐야 하는가? 먼저, 성 산업에 말려든 여성과 남성을 어떤 식으로든 비난하는 것에 반대해야 한다. 성 노동자나 성 구매자를 범죄화하는 것에도 단호히 반대해야 한다. 이주의 자유를 허용하고 이주민이 자신이 원하는 사회에 정착할 수 있도록 법적 권리를 보장하라고 요구하는 것도 필요하다.[49]

성 노동자가 노동조합을 결성해 자신의 조건을 향상하기 위해 싸울 권리가 있음을 분명하게 지지해야 한다. 혁명적 격변은 가장 열악한 처지의 노동자도 자신의 삶을 바꾸는 데 나서도록 고무한다는 점을 알아야 한다. 1871년에 일부 매춘 여성이 파리코뮌을 방어하는 데 나섰듯이 말이다.[50]

그러나 그렇다고 마르크스주의자가 성 노동자 조직을 우선해야 할까? 이 점은 주의해서 봐야 한다. 샌더스, 오닐, 피처는 "[성 노동자 — 지은이] 노동조합이 있는 일곱 나라의 조합원 수는 다 합쳐 5000명쯤 된다"고 추정했다.[51] 그리 많지는 않다. 데일과 로즈도 성 산업의 까다로운 점을 다음과 같이 꼽았다.

확실히 서구에서도 다른 곳과 마찬가지로 성 노동자의 집단적 조직은 구조적·사회적 장벽에 부딪힌다. 성 노동은 대개 개별적이거나 소규모 업소에서 이뤄진다. … 많은 성 노동자는 독립 계약자고 계약 형태와 무관하게 소상인적 열망이 있다 보니 서로 경쟁하

는 관계로 내몰린다.[52]

데일과 로즈는 이어서 "배관공, 프리랜서 기자, 가사도우미"의 조건도 성 노동자와 비슷하다고 올바르게 지적한다.[53] 가사도우미의 사례를 더 자세히 살펴보는 건 유익할 것이다. 19세기 말 영국에는 가사도우미(주로 여성이었다)가 100만 명 가까이 있었다. 그러나 대규모 일반노동조합을 처음으로 건설하고 미래에 대한 남녀 노동계급의 전망을 바꾼 것은 이스트런던의 항만 노동자 등과 함께 파업한 성냥 공장의 어린 여성 노동자였다.

마르크스주의자는 혁명적 정당의 임무 중 하나가 노동계급이 차별받는 사람들의 호민관이 되도록 애쓰는 것이라고 꾸준히 주장했다. 그러나 이것은 가장 차별받는 사람 먼저 조직해야 한다는 뜻이 아니다. 성 노동자 조직 문제도 이런 관점에서 출발해야 한다. 거칠게 정리하면, 혁명가 개인은 자신이 할 수 있는 곳에서 조직해야 하지만 당의 지회나 중앙 기구는 노동자, 학생과 투쟁하는 집단을 조직하는 데 주로 힘써야 한다. 마르크스주의자는 두 종류의 도덕주의, 즉 성 노동자를 적으로 치부하거나 차별에 맞선 투쟁의 초점으로 격상하는 것을 모두 경계해야 한다.[54]

그런데 성 노동자의 단결권을 확고히 지지하는 것은 성 노동을 여느 노동과 똑같이 취급한다는 것일까? 잠시 콜론타이가 성매매를 어떻게 묘사했는지 살펴보는 게 좋을 듯하다.

성매매는 무엇보다도 사회적 현상이다. 성매매는 여성이 곤궁한 처지에 있고 남편이나 가족 내 다른 남성에게 경제적으로 의존해야 한다는 점과 깊은 연관이 있다. 성매매의 뿌리는 경제에 있다. 여성은 한편으로는 경제적으로 취약한 처지이며, 다른 한편으로는 결혼 관계 안에서든 밖에서든 남성에게 성을 제공해 물질적 대가를 얻도록 수 세기 동안 교육받았다.[55]

콜론타이가 일부 여성이 성매매나 성적 서비스 제공을 직업으로 고르는 일차적 이유로 경제적 취약성을 꼽은 것은 근본적으로 옳다. "여성뿐 아니라 남성도 경제적 필요 때문에 성 산업에 뛰어들고 이를 의식적으로 선택하는 경우도 많은데, 다른 일을 하는 것보다 돈을 더 많이 벌 수 있기 때문이다."[56]

반면 성 상품화가 성 산업 시장을 창출하는 방식은 변했다. 이 변화가 성 노동자에게 어떤 영향을 줄까? 데일과 로즈는 성 노동에 찍힌 낙인 때문에 "성 노동자는 성 노동 그 자체에서 받는 것보다 더 큰 심리적 고통을 받는다"고 주장한다.[57] 그러나 이런 낙인은 줄고 있다. 성 산업과 관련한 온갖 행동(여자아이의 성적 대상화, 여자아이가 남자아이에게 하는 구강성교, 포르노 비디오 시청 등)이 점점 용인되고 있다.[58] 샌더스, 오닐, 피처는 다음과 같이 지적한다.

번스틴은 2001년 쓴 글에서 성, 특히 여성의 몸이 광고와 여러 문
화 상품에서 노골적이고 허다하게 사용된 결과, 선정성에 대해 전
보다 관대해졌고 선정적인 것에 대한 욕구가 주류 문화로 파고 들
었으며, 남성(갈수록 여성도)이 이런 욕구를 좇는 것이 점점 당연
시되고 있다고 주장했다.[59]

점점 더 많은 사람들이 성 산업에 말려들고 있고 사람들은
이를 열렬히 환영하거나 혼란스러워 하거나 노골적으로 적대하
는 등 엇갈린 반응을 보인다. 오어는 최근 야한 문화와 이에 반
대하는 사회적 흐름이 동시에 성장하고 있고 이런 흐름은 특히
대학가에서 두드러진다고 썼다.[60]

마르크스주의로 본 성

마르크스주의자는 다음과 같은 사실을 분명히 해야 한다.
가장 중요한 첫째 사항은 사람들이 바라는 합의된 성적 관계
(장기적이든 단기적이든)는 성행위를 사고파는 것과 다르다는
점이다.

이 둘의 차이는 실질적이고 그래서 성 판매에 종사하는 사람들은 일을 하려면 자신을 "분열"시켜야 한다고 말한다. 친밀한 인간관계에서 사람들은 가면을 쓰거나 연기하지 않고 자신의 "본 모습"을 보이고 싶어 한다. 그러나 성 노동은 정반대로 행동할 것을 요구한다. 다시 말해, 성 노동과 자신의 인간관계를 구분하기 위해 연기해야 한다. 이것이 모든 사람이 만족스러운 관계를 경험하는 사회에서는 성 노동이 사라질 것이라고 여기는 이유다.

둘째, 성적 매력과 여성의 몸을 외설적으로 그리며 성적 대상화하는 것은 다르다.[61] 사실 후자는 성적 매력을 되려 떨어뜨리고, 오늘날 많은 젊은 여성이 관능적으로 보이려고 노력하지만 진실로 흥분되고 만족스러운 성적 관계가 무엇인지 경험은커녕 이해도 하지 못하는 부분적 이유다.[62] [플레이보이 잡지에 나오는 것과 비슷하게] 여성 성기를 고치는 수술이 등장한 것은 "타인에게 관능적으로 보이기"가 진정한 성욕과 성적 만족보다 중시되는 세태를 극단적으로 보여 준다.

셋째는 노동계급의 단결과 관련한 것이다. 노동자는 생산과정에서 차지하는 독특한 지위 덕분에 자본주의를 뒤엎고 새로운 사회를 만들 잠재력이 있다. 그러나 이런 경제적 잠재력이 현실에서 발현되려면 결정적 요소가 필요하다. 바로 공동의 적에 맞서 단결해야 한다는 것이다. 민주적 토론과 논쟁을 통해 노동계급 내 분열을 극복해야 한다. 노동계급이 사회를 바꾸려면 단결이 핵심이다. 남성 노동자는 여성을 동등한 존재로 인식해야 한다. 또한 모든 노동자는 인간의 성적 지향은 다양하고 어떤 지향이든 존중받아야 한다는 점과 어떤 종교를 믿는지는 전적으로 개인의 문제임을 인정해야 한다. 콜론타이가 말했듯이, 연대는 상대방이 원하는 것을 듣고 그에 응하는 것이다.[63]

그런데 남성이 여성의 몸을 성적 대상으로 여겨 희롱하고, 여성을 구강성교 등 성행위를 위해 돈 주고 살 수 있는 존재라고 여긴다면 어떻게 이런 단결이 가능하겠는가? 남성에게 관능적으로 보여야 한다는 압력을 일상적으로 받는 상황에서, 여성의 성적 만족은 무시한 채 그저 남성을 성적으로 자극하는 존재로 취급하는 분위기 속에서 어떻게 여성이 자신감을 갖고 연대를 구축할 수 있겠는가?

성 산업은 노동계급의 단결에 해를 끼친다. 그래서 마르크스주의자는 성 산업이 성적 매력을 키우는 데 도움이 된다거나 유용한 서비스를 제공한다거나 심지어 여성의 역량을 키워 준다는 식의 주장에 도전해야 한다. 마르크스주의자는 도덕적 비난을 하지 않으면서도 성 산업이 남녀 모두의 성욕을 왜곡하고 파괴하는 과정의 일부임을 설명해야 한다. 성 산업은 그곳에 종사하는 사람과 그것을 이용하는 사람을 모두 대상화한다.

사회구조에 이의를 제기하고 도전하는 운동이 대중운동으로 성장하면 개인 관계와 성에 대한 쟁점을 제기하기 마련이다. 차별적인 사회를 바꾸려고 투쟁에 나선 수많은 사람들은 자신을 불만족스러운 개인 관계에 가두는 속박을 깨고 그 관계를 바꾸려 한다. [2011년 이집트 혁명 당시] 사회를 바꾸려고 카이로의 타흐리르 광장에 모여 함께 싸운 기독교인과 무슬림, 여성과 남성, 젊은 세대와 기성세대의 모습은 최근의 사례다. 이전과 전혀 다른 방식으로 숨쉬고, 용기 내고, 느끼고, 경험하는 것은 혁명적 해방 과정의 본질적 요소다. 노동계급의 연대를 중심에 놓고 사고한다면, 일부 실수를 하더라도 결정적 오류는 피할 수 있을 것이다.

아동 성범죄의 근원

얼마 전 지미 새빌이* 약자를 대상으로 숱한 성범죄를 저질렀고 BBC가 이를 은폐했다는 사실이 폭로돼 영국 사회가 충격에 빠졌다. 갑자기 사회적 영향력이 있는 다른 남성들도 성적 약탈을 자행했다는 폭로가 여기저기서 쏟아져 나와 정신을 차리기가 힘들 정도다.

출처: "The roots of child abuse", *Socialist Review* 376(Jan 2013).

* 지미 새빌(1926~2011)은 1960년대부터 1990년대까지 영국 방송사 BBC의 유명 프로그램을 진행한 방송인이다. 2012년 10월, 지미 새빌이 생전에 성추행과 성행위 강요를 일삼았음이 한 다큐멘터리를 통해 폭로됐다. 경찰이 공식 발표한 피해자 수가 589명에 달했고, 그중에는 8~16세의 소년·소녀도 있었다.

지미 새빌이 BBC 방송국 안과 아동 보호 시설에서 아무런 거리낌 없이 성범죄를 저질렀다는 사실은 그야말로 역겹다. BBC가 이를 은폐한 것도 신물이 난다.

게다가 볼턴의 성범죄자 일당이 기소되면서 드러난 사실도 불편한 현실을 적나라하게 보여 준다. 이 일당은 계획적으로 취약 계층의 여자아이와 남자아이를 골라 꼬드긴 후 성범죄에 이용했다. 그러나 언론은 이 사건을 다루면서 일부러 용의자의 인종에 초점을 맞춰 아시아계 남성만이 이런 역겨운 성범죄 집단에 가담한다는 인상을 주려 했다.

최근 아동위원회가 발표한 집단 성폭력 중간 보고서는 취약 계층의 아이를 전문적으로 돌보는 사람들이 청소년의 행동에 지독한 편견을 가지고 있다고 보고했다. 이들은 성범죄를 피해자의 탓으로 돌렸다.

성범죄 가해자는 낯선 '나쁜' 남자, 특히 낯선 아시아계 남성이라는 생각이 의도적으로 조장되고 있다고 해도 틀린 말이 아니다.

지미 새빌의 어마어마한 성범죄 폭로가, 피해자들이 그동안의 억눌린 감정을 쏟아 내며 치유받는 기회가 되기를, 또한 "왜 하필 내가", "내가 뭘 잘못했기에 이런 일을 당했을까?" 하는 자책감에서 벗어나는 데 도움이 되기를 바란다.

안타깝게도 아동 성범죄가 폭로되자 낯선 사람이 가장 위험하다는 잘못된 관념이 강화되고 있다. 이렇게 되면 성범죄의 근원을 흐리는 사회적 분위기가 조성된다.

아동 대상 성범죄는 성인 남녀가 가하는 정신적·신체적 학대일 뿐 아니라 빈곤, 열악한 주거 환경, 방치에서 비롯한 다양한 학대의 한 양상이기도 하다. 전체 아동의 10퍼센트가 이런저런 방식으로 학대받는 것으로 추정된다. 성범죄만 하더라도 '노출증 환자'를 마주치는 것에서 부적절한 신체 접촉, 성기 접촉, 강간에 이르기까지 다양하다.

아동 대상 성범죄의 피해자는 압도적으로 여자아이다. 그런데 여자아이는 왜 성범죄의 대상이 됐을까? 남성은, 아니면 적어도 일부 남성은 그저 그렇게 '타고난' 것일까? 우리가 할 수 있는 최선은 이런 '악당'을 그저 평생 가두는 것일까? 혹시 사회가 조직되는 방식 때문에 아동 대상 성범죄와 여성에 대한 성적·신체적 괴롭힘이 나타나는 것은 아닐까?

인간 본성은 고정불변하고 일부 남성은 그냥 그렇게 타고난다는 것이 우리 사회의 상식인 것은 확실하다.

그러나 인간 사회의 역사를 자세히 들여다보면 인간의 생활양식은 역사적으로 매우 다양했고 고정불변하는 것은 없다는 사실이 드러난다. 인류 역사에서 여성과 남성의 역할은 시대에 따라 달랐다. 성 역할은 다양했고, 계급사회 이전에는 남성도 아이 돌보는 일을 했다. 이런 사회에서는 아이의 생물학적 부모

뿐 아니라 집단의 모든 성인이 아이를 돌봤다. 그리고 아이는 자신의 생물학적 성과 무관하게 성 역할을 선택할 수 있었다.

인간은 단순히 '공격적이고 개인주의적인 사냥꾼' 남성과 '수동적인 주부' 여성으로 진화하기는커녕 협동, 평등, 상호 존중을 규범으로 하는 사회적 존재로 진화했고 이를 뒷받침하는 증거는 상당히 많다.

5000년 전 계급사회가 등장하면서 이런 삶의 방식은 서서히 막을 내렸다. 대다수 남성과 여성은 소수 지배계급에게 종속됐다. 계급사회의 발전과 함께 지배계급의 재산과 권력을 보호할 수 있는 새로운 형태의 가족도 등장했다. 여성과 아동이 지배계급 남성에게 종속되고 가족 안에서는 남편에게 종속되면서 여성은 자율성을 잃었다.

오늘날 벌어지는 아동 대상 성범죄의 근본 원인은 인간관계가 자본주의 사회와 가족에 의해 형성된다는 데 있다. 오늘날의 가족 형태는 (효율적인 생산을 위해 노동자의 건강을 유지하고 자본주의의 필요를 충족시키기 위해 아이들을 길러 내려는 목적으로 노동계급 가족을 만든) 빅토리아 시대보다* 훨씬 더 다양하다.

가족의 형태가 다양해져 오늘날의 아이는 양성 부모나 동성

---

* 1837~1901년 영국에서 빅토리아 여왕이 통치한 시대.

부모 또는 한부모 엄마나 아빠(매우 드물다) 밑에서 자랄 수 있지만 모든 아이는 계급·성·인종 차별이 만연한 더 넓은 사회의 영향을 받는다. 여성은 대부분 일과 가정이라는 이중의 굴레를 진다. 그리고 이것이 여성 차별의 근원이다. 그러나 가족 구성원 가운데 가장 약한 사람은 어린아이다.

오늘날의 아이는 시장 논리가 지배하는, 즉 물건을 팔기 위해 모든 광고에 여성의 몸을 이용하는 사회에서 자란다. 아이가 어디에 살지, 어떤 교육을 받을지, 어떤 삶의 기회를 제공받을지는 타고난 계급에 따라 다르다. 그러나 시장도 가족의 삶에 영향을 미치는데, 그 범위는 가족이 무엇을 먹고 마시고 입을지, 외모를 어떻게 꾸미고 어떤 향수를 사용할지 등 다양하다. '시장'은 어디에나 있고, 그 결과 인간의 성조차 인간에게서 멀어져 인간을 괴롭히고 지배하는 외부의 힘이 된다.

인간은 성적 존재다. 성은 인간 본성의 하나다. 사랑, 애정, 즐거움에 대한 욕구는 성적 관계를 통해 표출된다. 자본주의 사회의 성 이데올로기는 성적 관계를 가족 안으로 제한한다. 이 좁은 세계에서 사람들은 견디기 힘든 압박을 일상적으로 받는다.

개방적이고 상대방을 존중하고 배려하는 성적 관계는 착취와 차별, 성별 분업, 핵가족을 기초로 하는 자본주의 사회의 성적 관계와 완전히 다르다. [자본주의 사회에서] 성과 관련한 이미지는 도처에 널려 있지만 실제로 '성'이 무엇인지는 각자 알아서 이해하라는 식이다. 아이에게 혼자서 또는 또래 친구와 함께 성을 탐구하도록 공공연히 장려하는 일은 아주 드물다. 아이는 성적 주체가 아니라고 하면서도 여자아이를 성적 대상화하는 경향이 커져 여자아이는 성범죄에 특히 쉽게 노출된다.

성에 대한 태도는 사회의 성별 분업 정도에 따라 형성되기도 한다. 젊은 남녀의 교류가 적을수록 남녀의 역할을 완전히 다르게 여기는 경향이 커지고 남성과 여성이 서로 성적 관계를 맺는 것도 훨씬 어려워진다. 이성과 얘기하고 어울려 본 적이 아예 또는 거의 없는 사람이 어떻게 이성과 성적 관계를 발전시키는 법을 배우겠는가? 끊임없이 이성애만을 강요하는 사회에서 어떻게 동성과 관계 맺는 법을 배우겠는가?

성 상품화가 심해질수록 '야한 문화'가 만연해지고 여성의 몸은 남성을 만족시키기 위한 것이라는 생각도 강해질 것이다. 가족이 남성과 여성의 욕구를 만족시키지 못하면 가장 취약한 여자아이가 피해를 입을 가능성이 높다. 가해자는 대부분 아이가 알고 있는 남성이지만 그렇지 않은 경우도 있다.

가해 남성은 학대를 당한 적이 있거나 고아원에서 사랑과 보살핌을 받지 못하며 자랐을 수 있다. 이들은 성적으로 소외됐다고 느끼고 주변 동료와 인간관계 맺는 법을 모르는 상처받은 개인일 것이다. 이들이 아는 관계라고는 폭력적 관계가 전부일 것이고 여성 비하가 일상적으로 벌어지는 사회에서 이런 성향은 더 강화된다.

우리는 모든 아이의 불만을 잘 들어야 하고, 아이가 자신이 겪은 일을 말할 수 있게 도와줘야 한다. 그러나 아동 폭력을 영영 끝장내는 방법은 인간관계를 통째로 변화시키는 것이다. 그러려면 우리의 육체적·정신적·성적 욕구를 모두 충족시킬 수 있는 사회를 창조해야 한다. 이런 사회는 평등과 존중을 기초로 하고, 이 사회의 아이들은 또래나 어른과의 관계를 발전시킬 수 있고 그 관계에서 자신을 표현하는 것을 겁내지 않을 것이다.

이런 사회가 선사시대에 존재했다는 사실은 부패와 차별을 모두 없앨 수 있다는 확신과 용기를 준다. 아이들은 지금보다 더 나은 세상을 누릴 권리가 있다.

2부

여성 차별의
원인과 대안을
둘러싼 논쟁

남성이 여성 차별의 수혜자인가

존 몰리뉴는 《인터내셔널 소셜리즘》 25호에서 노동계급 남성이 여성 차별로 득을 본다고 주장했다. 또 노동계급 남성이 여성 차별에서 단기적 이익을 얻으므로 혁명적 조직은 차별에 맞선 투쟁에 다르게 접근해야 한다고 덧붙였다.

몰리뉴의 주장을 두 측면으로 나눠 답변하겠다. 우선 노동계급 남성이 여성 차별에서 득을 본다는 주장을 살펴보겠다. 그다음 이런 주장의 정치적 뿌리가 무엇이고 이것이 어떤 정치적 결과를 낳게 되는지 살펴보겠다.

출처: "A reply to John Molyneux on women's oppression", *International Socialism* 30(Autumn 1985).

여성 차별의 수혜자는 누구인가?

몰리뉴의 주장을 요약하면 다음과 같다.

첫째, 여성이 집안일과 육아의 부담을 떠안은 덕분에 남성이 더 많은 여가를 누리고 정치 활동에 참가할 수 있으므로 노동계급 남성은 여성 차별에서 물질적 혜택을 얻는다.

둘째, 이런 물질적 혜택 때문에 남성은 여성 차별을 유지하는 것이 당장은 이익이라고 여긴다. "남성 지배에서 남성 노동자가 얻는 당장의 이익은 계급 단결이라는 자신의 역사적 이익과 모순되고 계급적 단결을 가로막는 장애물이다."[1]

셋째, 남성이 여성 차별에서 득을 본다는 사실을 부정하는 것은 심각한 정치적 결과를 낳는다. "이것은 심각한 실수인데, 이에 따라 중요한 정치적 결론, 즉 혁명적 사회주의자가 여성 노동자 투쟁과 관계 맺는 방식이 달라지기 때문이다."[2]

몰리뉴는 자신의 주장을 뒷받침하기 위해 북아일랜드의 개신교 노동자를 사례로 들었다. "개신교 노동자가 사회적 소수인 가톨릭 노동자를 차별해 얻는 이익은 오렌지당과* 영국 지배계급이 얻는 이익이나 사회주의가 실현되면 누릴 수 있을 편의에

---

* 개신교 우익 정치 단체다. 1790년대 아일랜드 민족해방 운동을 파괴하려고 영국 국가가 개신교 우월주의를 내세우며 조직한 운동이 그 뿌리다.

비하면 보잘것없다. 그렇지만 이런 사소한 혜택이 지난 60년 동안 개신교 노동자가 영국 제국주의에 충성하게 만드는 데 중요한 구실을 했다."[3]

그러나 노동계급 내 분열에 대한 마르크스의 접근은 이와 사뭇 달랐다. 마르크스의 견해는 영국에 있는 아일랜드 노동자가 어떤 구실을 하고, 이것이 영국 노동계급에게 어떤 영향을 미치는지 분석한 글에 잘 나타난다.

가장 중요한 점은 영국의 모든 공업과 상업 중심지에서 노동계급이 두 적대 진영, 즉 영국 프롤레타리아와 아일랜드 프롤레타리아로 나뉘어 있다는 것이다. 평범한 영국 노동자는 아일랜드 노동자가 자신의 생활수준을 낮추는 경쟁자라고 생각해 그를 증오한다. 아일랜드 노동자와의 관계에서 영국 노동자는 자신이 지배 민족의 일원이라고 여긴다. 그래서 아일랜드를 억누르는 영국 귀족과 자본가계급의 꼭두각시를 자처하고 그 결과 자신에 대한 귀족과 자본가의 지배를 강화한다.[4]

위 인용문에서 볼 수 있듯이 마르크스는 이런 분열이 노동계급을 자국 지배자에게 종속시키는 수단이라고 여겼다. 이어 마르크스는 아일랜드와 영국 노동자의 분열을 다루며 다음과 같이 썼다.

지배계급은 언론, 설교, 만평 등 자신이 소유한 온갖 수단을 통해 분열을 인위적으로 유지하고 강화한다. 영국의 노동계급이 (독자적 조직이 있는데도) 무기력한 것은 바로 이 적대감 때문이다. 이것이 자본가가 권력을 유지하는 비결이다. 자본가계급은 이 점을 완전히 이해하고 있다.[5]

다시 말해, 마르크스는 차별이 노동계급(전부든 일부든)에게 이익을 주기는커녕 지배계급을 이롭게 하고 그들의 지배력을 강화한다고 여겼다. 차별은 노동계급을 약화하고 노동계급이 혁명적 계급으로서 제구실을 못 하게 만든다. 마르크스와 엥겔스는 똑같은 관점으로 계급 내 인종 분열이 미국 노동계급에게 미치는 영향을 분석했다.

차별이 노동계급을 분열시킨다면 그 어떤 노동자도 차별을 유지함으로써 결코 득을 볼 수 없다. 남성 노동자가 여성 차별을 유지해 단기적 이익을 얻는다고 주장하는 것은 남성 노동자가 자본의 지배를 유지하는 데 단기적 이익이 있다고 주장하는 것이나 다름없다. 이것이 사실이라면 [남성] 노동자는 사회주의 혁명이라는 과제를 뒤로 미루고 자신의 단기적 이익을 위해 자본에 협력해야 한다.

역사적 경험을 살펴보면 이런 부류의 주장은 마르크스주의를 버리고 노동계급의 목표에서 사회주의 혁명을 삭제하는 것으로 나아갔다. 루카치는 (레닌에 대한 짧은 책에서) 정통 마르크스주의자는 "프롤레타리아 혁명의 현실성"을 이해하는 것에서 시작해야 한다는 점을 분명하게 밝혔다.

그러므로 역사유물론은 프롤레타리아 혁명의 보편적 현실성을 전제로 한다. 이런 의미에서 모든 시대의 객관적 토대이자 시대를 이해하는 열쇠인 프롤레타리아 혁명은 마르크스주의의 살아 있는 핵심이다. … 즉 스스로 해방하려는 노동계급에게 프롤레타리아 혁명의 현실성은 더는 역사의 저 멀리 펼쳐진 지평선 같은 것이 아니다. 혁명은 이미 역사의 일정에 올라 있다.[6]

뒤이어 루카치는 이 말이 당장 사회주의 혁명이 일어난다는 게 아니라 이것을 기준으로 모든 문제를 판단할 수 있다는 뜻이라고 설명한다. "혁명의 현실성은 모든 시대의 핵심 문제다. 각각의 행동은 혁명이라는 핵심 문제와 관련지어 판단해야만 혁명적인지 반혁명적인지 가늠할 수 있고, 혁명[의 현실성]은 사회적·역사적 전체를 정확히 분석해야 알 수 있다."[7]

노동계급이 자본의 지배를 타도하는 데 이해관계가 있는 혁명적 사회 계급임을 인정한다면 모든 문제를 노동계급의 혁명에 도움이 되는지 방해가 되는지를 기준으로 판단해야 한다. 예컨대, 북아일랜드의 가톨릭 신자들이 시민권 운동을 벌일 때 그 운동을 지지하는 것이 개신교 노동계급의 이익에 부합하는 가? 혁명적 사회주의자는 '그렇다'고 답변한다. 이 운동을 지지하는 것이 공동의 지배계급에 맞서 가톨릭 노동자와 개신교 노동자를 단결시키는 데 도움이 되고 이런 단결이 노동계급의 투쟁력을 키우기 때문이다. 그 결과 두 노동자 집단은 모두 자본가계급에게서 더 많은 양보를 얻어 낼 수 있을 것이다. 그러나 현실에서 이런 단결이 이뤄지지 않았기 때문에 가톨릭과 개신교를 막론하고 아일랜드 노동자의 임금과 주거·생활 조건은 영국 노동자보다 더 열악하다. 글래스고와 리버풀의 노동자는 가톨릭이든 개신교든 벨파스트의 노동자보다 더 좋은 조건에 있다! 그러나 몰리뉴처럼 개신교 노동자의 단기적 이익과 장기적 이익을 분리하면 개신교 노동자의 단기적 이익을 위해서는 가톨릭 노동자보다 우위에 서서 특혜를 지켜야 한다는 결론에 이르게 된다. 이뿐 아니라 계급 단결이 개신교 노동계급에게 단기적 이익을 주지 않으므로 자신의 혁명적 잠재력을 깨닫는 것 또한 당장 이익이 되지 않는다고 주장하게 된다. 이것이 사실이라면 혁명적 사회주의자는 아일랜드에서 개신교 노동계급이 참가하는 사회주의 혁명이 가능하다는 전망을 버려야 한다.

이런 논리는 노동계급 남성과 여성의 관계에도 똑같이 적용된다. 남녀 동일 임금, 24시간 운영되는 보육 시설, 제약 없는 무료 임신중절수술 등을 요구하는 운동에 여성 노동자와 어깨 나란히 참여하는 게 남성 노동자에게 이익이 되는가? 이번에도 그 답은 '그렇다'인데, 이런 요구가 여러모로 여성의 삶의 질을 높이고 여성이 더 평등하게 사회에 참여할 수 있고 자신의 몸을 스스로 통제할 수 있게 해 준다는 단순한 이유도 있지만, 무엇보다 이런 공동 행동을 통해 남녀 노동계급이 자신의 진정한 적, 즉 지배계급에 맞서 단결하게 되기 때문이다.

혁명적 사회주의자는 노동계급 내 분열을 극복하고 단결하는 것이 사회주의 혁명의 필수 조건이자 혁명적 사회 계급인 노동계급에게 이익이라고 주장한다. 이 점을 구체적으로 잘 보여 준 현실의 사례는 [1984~1985년] 광원 파업이다. 광원의 아내들은 집에서 살림을 하고 아이를 돌봐야 한다는 전통적 역할을 집어던지고 보수당에 맞선 투쟁에 적극적으로 뛰어들었는데, 이런 행동은 광원들의 투쟁력을 엄청나게 높였다. 여성들이 자신의 전통적 역할을 팽개치지 않았다면 광원 파업이 그렇게 오래 유지되지 못했을 것이라는 평가는 전혀 과장이 아니다. 광원 파업은 1년 동안 지속되며 소득세 인하 정책을* 철회하고 공공 부문

---

* 보수당은 1979년 최상위층의 소득세를 83퍼센트에서 60퍼센트로 대폭 인하했고 1988년에 또다시 40퍼센트로 인하했다. 같은 기간 평범한 사람들의 소득세는 33퍼센트에서 25퍼센트로 인하했다. 반면 간접세인 부가가치세는 8퍼센트에서 15퍼센트로 인상했다. 부자의 세금 부담은 낮아지고 서민의 세금 부담은 높아진 것이다.

예산을 확대하도록 압박하는 등 보수당의 전략에 타격을[*] 가했는데, 파업이 단기간에 끝났다면 이런 영향을 미치지 못했을 것이다. 파업 기간 여성들이 한 구실은 여성이 자신이 겪는 차별에 맞서 싸우는 것과 남성이 그 투쟁에 연대하는 것이 남성 노동계급에게 이익이라는 사실을 보여 주는 강력한 증거다.

광원 파업의 사례로 여성 차별이 남성 노동자에게 득이 되지 않음을 알 수 있다. 이제 남은 물음은 몰리뉴가 왜 이렇게 주장하는지다. 두 가지 이유가 있을 듯하다. 첫째는 여성 차별의 본질을 근본에서 잘못 이해하는 것이고, 둘째는 성차별적 이데올로기가 뿌리 깊은 것은 남성 노동자가 실질적 이익을 얻기 때문이라고 잘못 생각하는 것이다. "성차별적 이데올로기가 이토록 강력한 이유는 이것이 남성 노동자의 단기적 이익과 연결돼 있기 때문이다(장기적으로는 그렇지 않지만 말이다)."[8]

여성 차별의 뿌리

마르크스와 엥겔스는 여성 차별이 계급사회에서 비롯했다고

---

[*] 1985년에 보수당 재무 장관은 광원 파업으로 세금 인하 시기를 놓쳤다고 시인했다.

주장했다. 엥겔스는 여성 차별의 기원이 계급사회에 있다는 것을 설명하기 위해《가족, 사유재산, 국가의 기원》을 썼다.

자본주의 사회에서 노동계급의 재생산은 개별 가족에서 사적으로 이뤄진다. 즉, 노동력 재생산이 생산 과정과 분리돼 있다. 간단히 말하면, 노동자는 가족과 함께 집에 살지만 집 밖에서 일한다. 그렇다고 가족이 생산이나 생산관계와 무관하거나 분리됐다는 뜻은 아니다. 자본주의 가족의 형태는 자본주의 생산양식의 발전에 비춰 봐야 제대로 이해할 수 있다.

처음에 마르크스와 엥겔스는 자본주의가 노동계급에게 가하는 충격 때문에 노동계급 가족이 완전히 파괴될 것이라고 생각했다. 그러나 현실에서 노동계급 가족은 사라지지 않았다. 가족은 성별 분업, 즉 남성은 '가족' 임금을 벌어 가족의 생계를 책임지고 여성은 집에서 가사와 육아를 담당한다는 생각을 기초로 재건됐다.[9] 남편의 수입만으로 먹고살기 힘들어서 아내도 흔히 돈벌이에 나서야 했으므로 이런 '이상적' 노동계급 가족은 현실에 존재하지 않았음에도 성별 분업은 실제로 이뤄졌다.

남녀 노동계급의 삶은 내세울 거 하나 없이 고달팠고 선택의 여지도 거의 없었다. 19세기에 남성 노동자는 열악한 환경에서 하루 12시간씩 일하면서 낮은 임금을 받았다. [노동조합이 거의 없었기 때문에] 압도적 다수는 노동조합에 속하지 않았다. 여성의 삶도 고달팠다. 허름한 집에서 부족한 수입으로 근근이 먹고살았고 [피임 기술이 없었기 때문에] 끊임없이 임신해 고통스러운 출산을 반복하며 그 과정에서 죽는 경우도 있었다. 현대적 생활 편의 시설이 없는 상태에서 육아와 고된 집안일을 해야 했기 때문에 허리가 휠 지경이었다. 여성 차별은 여성이 생산수단과 분리되고 독립적 생계 수단도 없고 조직을 건설해 생산에 타격을 미치는 투쟁을 벌일 수도 없는 처지에서 가족의 굴레를 짊어졌다는 것에서 비롯했다. 여성은 일터에서 함께 일하고 조직하는 집단적 경험을 할 수 있는 기회가 완전히 차단된 채 집에서 고립된 개인으로 살았다.

지배계급의 관점으로 보면 이런 상황은 더할 나위 없이 좋았다. 지배계급은 가족 임금[이름과 달리 가족이 먹고살기 어려운 수준이다]을 지불하는 대가로 노동계급 가족이 비교적 잘 키워 낸 노동력을 공급받았다. 이런 사실에서 분명하게 알 수 있는 것은 여성 차별의 뿌리가 불공평한 가사 분담이 아니라 생산과 재생산의 분리에 있다는 점이다. 마르크스주의자는 이 두 견해의 차이를 매우 중요하게 여기는데, 남성과 여성이 집안일을 똑같이 나눠서 한다 해도 여성 차별이 사라지지 않는다고 생각하기 때문이다. 공평한 가사 분담이라는 대안은 그저 남녀 노동계급이 똑같이 차별받는 결과만 낳을 것이다. 사회가 져야 할 재생산의 부담이 여전히 개인과 가정의 몫이 되기 때문이다. 바로 이런 이유로 사회주의노동자당SWP은 가사 노동에 임금을 지불하고 집안일을 공평하게 나누는 것이 여성 차별의 해결책이라는 주장에 반대했다.

몰리뉴가 쓴 다음 구절을 보면 그도 공평한 가사 분담이라는 함정에 빠져 있음을 알 수 있다. "남성 노동자가 **불공평한 가사 분담**[강조는 맥그리거]에서 얻는 이익(많은 노동자가 경험하고 있고 이것이 계급투쟁을 대하는 태도에도 영향을 미친다)을 제대로 이해하려면, **지금 같은 자본주의 사회에서**[강조는 몰리뉴], 즉 24시간 운영되는 보육 시설이나 식당 등이 없는 상황에서 남녀 노동자가 가사를 똑같이 분담할 경우 남성 노동자가 무엇을 잃는지 따져 봐야 한다."[10]

이런 주장은 몰리뉴가 가족 안에서 아내가 하는 구실을 잘못 이해하고 있음을 보여 준다. 아내는 외견상 남편을 위해 봉사하는 듯 보이지만 사실은 자본이 해야 할 일을 대신하는 것이다. 여성 차별이 남편과 아이에게 하는 개인적 봉사에서 비롯한다는 생각은 (매우 강력한 사회적 통념이지만) 신화일 뿐이고, 이런 생각은 노동계급 여성과 자본의 진정한 관계를 모호하게 만든다. 가정 내 분업에 주목하면 남성이 생계를 책임지고 여성이 집안일을 전담하는 식의 노동계급 내 진정한 분업을 놓치게 된다. 그뿐 아니라 이를 극복하기 위한 대안도 발견하기 어려워진다. 가족제도가 아니라 불공평한 가사 분담이 문제라면 남녀가 집안일을 함께하는 것으로 문제를 해결할 수 있다. [그러나] 여성 차별의 뿌리가 가족제도에 있다면 유일한 해결책은 가족제도를 철폐하는 것이다.

　가사 분담이라는 관점에서 여성 차별 문제를 바라보면 노동계급 남성이 여성의 가사 노동에서 이익을 본다는 결론을 내리는 게 사실상 불가피하다. 여성 차별의 문제가 남편과의 관계에 달린 것으로 축소되기 때문이다. 이런 견해 때문에 몰리뉴는 왜 자본주의 사회에서 남녀 노동자가 자신에게 강요된 구실에 얽매여 있는지도 이해하지 못한다. 노동계급 내 성별 분업이라는 관점에서 출발해야 왜 노동계급 남성은 가족의 생계를 책임지는 부양자 구실에서 벗어나지 못하고 왜 노동계급 여성은 아내와 어머니로서의 임무에 충실해야 한다는 굴레에서 자유롭지 못한지를 이해할 수 있다. 임금 협상도 성별 분업을 반영한다. 임금 인상 요구안은 흔히 아내와 가족이 먹고사는 데 드는 비용을 토대로 산출되는데, 이것은 남성 노동자가 가족의 생계를 책임져야 한다는 생각 때문이다.

　여성의 임금을 '용돈 벌이' 취급하는 태도가 여전한데, 이것도 '남성'의 임금이 가족의 생계를 유지하는 데 핵심이고 여성의 임금은 가계에 조금 보탬이 되는 것이라는 생각을 반영한다(여성의 수입이 해당 가족의 생활수준에 얼마나 큰 영향을 미치는지와 상관없이 말이다). 성별 분업이라는 관점에서 출발하지 않았기 때문에 몰리뉴는 "대다수 남성 노동자가 대다수 여

성 노동자에게 주어진 주부·어머니 역할을 강화하는 데 일조한다"고 본다.[11]

토니 클리프가 《여성해방과 혁명》에 썼듯이 "남성이 여성을 차별적으로 대한다는 사실을 부인하려는 게 아니다. 이를 부인하는 것은 사회관계가 언제나 살아 움직이는 인간 사이의 관계라는 점을 부인하는 이상주의적 오류에 빠지는 것이다." 남성이 여성을 차별적으로 대한다는 것과 남성이 여성 차별을 유지하는 데 일조한다는 것은 전혀 다르다. 혁명적 사회주의자는 여성 차별이 실제로 존재해 남녀 관계와 남녀의 사회적 역할 등에 영향을 미친다는 사실에서 출발하지만 남성이 여성 차별을 유지하거나 강화하는 데 일정한 구실을 한다는 결론으로 나아가지는 않는다.

남성이 여성 차별을 '강화'한다는 주장에는 여성은 자신이 겪는 차별에 반대한다는 생각이 내포돼 있다. 그러나 현실은 이와 좀 다르다. 남성과 여성은 대체로 각자의 사회적 역할을 수용한다. 그 과정에서 여성도 가사와 육아를 책임지는 아내와 어머니의 의무를 받아들인다. 몰리뉴의 주장이 노동계급 남성이 아내의 의사를 거슬러 여성 차별을 강요한다는 것이라면 왜 노동계급 남성은 자신의 역할을 수용하는 반면 여성은 그것을 거부하는지 설명해야 한다. 현실에서 남녀 노동자는 모두 (개인차는 있지만) 각자의 사회적 역할을 수용한다. 그리고 이 점을 이용해 지배계급은 시도 때도 없이 공산주의자를 '가족 파괴' 세력이라고 비난한다. 엄마의 품에서 아이를 떼어 내고 남편과 아내를 갈라놓는 허구의 이미지를 상기시키면서 말이다. 남녀 노동계급이 모두 가족에 헌신하기 때문에 지배계급의 이런 주장이 힘을 발휘할 수 있다.

몰리뉴는 남성 노동자가 여성 차별에서 이득을 얻고 여성 차별을 유지하는 데 단기적 이해관계가 있다는 것을 중요하게 여기기 때문에 제2차세계대전 이후 생긴 변화를 보지 못한다. 이 변화가 매우 분명하게 보여 주는 것은, 남성과 여성은 생산수단과의 관계로 결정되는 실제 사회적 위치에서 자신의 역할과 자신에 대한 관념을 이끌어 낸다는 사실이다.

지난 45년 동안 여성 노동자의 삶은 변했다. 전후 호황이라는 상황과 편리하고 믿을 수 있는 피임법의 확산으로 평균 자녀수가 줄어 육아 시간이 짧아진 덕분에 성인 여성은 인생의 대부분을 임금노동자로 산다(가정을 꾸리는 20대 후반과 30대 초반에 일시적 단절이 있지만 말이다). 여성은 아이를 갖기 전에는 전일제로 일하다가 [아이가 생기면 육아에 전념하느라] 7~10년 동안 경제활동을 중단한다. 아이가 어릴 때는 시간제로 일하다가 [아이가 어느 정도 자라면] 전일제로 돌아간다. 결혼 그 자체는 여성의 취업 여부에 영향을 미치지 않는다. 미혼 여성과 아이가 없는 기혼 여성은 직장에서 똑같이 일한다. 남편은 아내가 전업주부라는 전통적 역할에 얽매이지 않는 것을 인정하거나 아내가 전통적 역할에 따르는 게 자신에게 이득이라고 여기지 않는다.

흥미로운 것은 여성의 재취업 시기를 결정하는 요소다. 몰리뉴의 논리에 따르면, 남편의 의견이 주된 영향을 미쳐야 할 것이다. 그러나 현실에서 재취업 시기를 결정하는 핵심 요소는 막내 아이의 나이다. 매우 흥미롭게도 시간제로 일하는 여성은 육아에 남편의 도움을 많이 받고 그럴 수 없을 경우에는 친정어머니나 시어머니의 도움을 받는다.[12]

여성의 전통적 역할은 바뀌고 있고 그 결과 남성도 육아에 일정한 책임을 지게 됐다. 이것은 여성 차별이 사라지고 있음을 주장하려는 게 아니다. 여성 노동자의 삶을 결정하는 데서 중요한 구실을 하는 것은 남성 노동자가 아니라 자본의 필요이고 그 과정에서 남녀 모두 영향을 받는다는 것을 설명하려는 것이다. 여성의 사회적 역할을 바라보는 남녀의 시각에 대한 설문 조사는 이 점을 더 분명하게 보여 준다. 클리프는 여성이 직장에 다니는지에 따라 남녀의 견해가 다르다는 점을 설명하기 위해 하리에트 홀테르가 노르웨이에서 실시한 설문 조사를 인용했다.[13]* 여성의 고용이 낳는 이런 효과는 영국의 인구조사부가

---

* 홀테르는 "직장에 다니는 기혼 여성은 그러지 않는 여성보다 평등주의적 견해가 강하고 … 아내가 직장에 다니는 남편은 그렇지 않은 남편보다 평

실시한 설문에서도 그대로 드러났다.[14]

이 설문들은 맞벌이하는 남편이 그러지 않는 남편보다 집안일과 육아에 더 많은 시간을 할애한다는 점도 보여 줬다. 폴린 헌트는 《젠더와 계급의식》에서 여성이 직장에 다니면서 집안일의 양을 줄여 가사 부담을 덜어 낸다고 지적했다. 예컨대, 방 청소나 찬장 정리를 드문드문 하고 다림질을 적게 하는 식으로 말이다.[15]

여성이 집에서 하던 전통적 역할 가운데 일부는 오늘날의 현실에 들어맞지 않는다. 여전히 재생산 노동은 여성에게 엄청난 짐이지만 여성이 임금노동을 하면서 남편이나 부모 등 다른 가족 구성원과 집안일을 나눠 그 부담은 완화됐다. 아이가 있는 가정의 남성은 집안일과 육아에 상당한 시간을 들인다. [반면] 국가는 재생산에 어떤 책임도 지지 않는다. 여성이 전통적 역할에서 벗어나 임금노동자가 되면서 여성의 태도가 바뀌었다. 변화의 폭이 여성만큼 크지는 않지만 남편도 달라졌다. 이런 맥락을 보지 않고 남성이 여성 차별을 강화한다고 주장하는 것은 여성의 역할이 (노동계급 남성이 아니라) 자본의 필요에 맞게 조정된다는 점을 깨닫지 못하는 것이다. 남녀 노동계급은 모두 상대방의 요구가 아니라 자본의 요구를 따르게 된다.

———

등주의적 견해가 강하다"고 논평했다.

이제 몰리뉴의 둘째 오류, 즉 성차별적 이데올로기가 매우 깊이 뿌리내린 것은 이것이 남성 노동자의 이익과 관련 있기 때문이라는 주장을 살펴보자. 몰리뉴는 노동자의 객관적 이익과 노동자가 이익이라고 생각하는 것을 동일시하는 실수를 범한다. 성차별적 이데올로기 등 차별적 관념이 깊이 뿌리내리고 있다고 해서 그것이 실질적 이익이나 혜택과 관련 있다고 가정할 이유는 없다. 진실은 오히려 정반대다. 사회에 광범하게 퍼져 상식처럼 여겨지는 수많은 생각은 노동계급의 이익이 아니라 압도적으로 지배계급의 사상을 반영한다.

광원 파업 당시 노팅엄셔의 광원은* 대부분 파업에 참가하지 않고 [파업 파괴 행위인 대체 근무를 하며] 계속 일하는 것이 이익이라고 생각했다. 그렇다면 혁명적 사회주의자는 이런 뿌리 깊은 후진적 사상이 그 노동자의 이익에 부합한다고 가정해야 하는가? 노팅엄셔 광원은 파업 참가자들이 받지 못한 주급 봉투를 52개나 받았으니 득을 본 것인가? 그렇다면 파업 파괴 행위를 한 것이 노팅엄셔 광원에게 이익이라는 뜻인가?

광원 파업 사례에서는 후진적이고 반동적인 사상이 노동자에게 득이 되지 않는다고 주장하면서 어떻게 똑같은 논리가 여성 차별 문제에서는 옳을 수 있는가? 이것은 후자의 주장, 즉

---

* 지역별 인센티브 제도 때문에 대다수 지역의 광원보다 높은 임금을 받았다.

여성 차별이 남성에게 득이 된다는 주장이 진실이 아니라는 것
이다. 진실은 여성 차별에 대한 노동계급 남성과 여성의 생각이
지배계급의 이데올로기와 충돌하려면 판에 박힌 일상을 뒤흔드
는 엄청난 격변이 있어야 한다는 점이다. 그리고 온 마음을 다
해 투쟁에 뛰어든 광원과 그들의 아내에게 지난 광원 파업은 이
런 격변이었다. 혁명의 과정은 [정치적·사회적·이데올로기적] 격변을
일으킨다. 그래서 레닌은 혁명을 "차별받는 사람들의 축제"라고
불렀다.

혁명적 정당의 구실

몰리뉴는 노동계급 안의 성차별주의가 계급 단결을 가로막는
장애물이고 혁명적 정당이 성별 분열을 극복하기 위해 의식적
으로 개입해야 한다고 매우 옳게 지적했다. 그러나 구체적으로
어떤 개입을 해야 하는지는 설명하지 않는다. 이에 대한 몰리뉴
의 주장은 매우 간단하다. "[자신의 이익을 위해 싸우는 — 지은이] 여
성 노동자의 투쟁을 지원하고 지도하는 것은 혁명적 정당의 임
무다. 이런 임무를 수행하려면 각별한 노력을 기울여야 하고 뛰
어난 선전·선동 방식을 익혀야 한다(사회주의노동자당은 현재
이런 각별한 노력을 하지는 않지만 고전 마르크스주의 전통에

서서 활동하고 있다)."

몰리뉴가 말하는 각별한 노력과 방식이 파월 법안이나* 길릭
판결과** 관련해 최근 사회주의노동자당이 하고 있는 활동 같은
것이라면 아무도 이견이 없을 것이다. 이런 쟁점은 남녀 노동자
에게 모두 매우 중요한 것이므로 사회주의노동자당 당원은 자
신이 속한 직장, 노동조합, 대학 등에서 이와 관련한 활동을 하
도록 노력해야 한다. 그러나 이런 쟁점에 대한 사람들의 지지를
모으는 것에서 멈춰서는 안 된다. 여성의 사회적 역할이나 여성
차별 등 [근본적 물음을] 제기하는 것으로 나아가야 한다. 사회주
의노동자당은 임신중절과 피임이 여성 쟁점이 아니라 계급 쟁
점이고, 여성은 자신의 의사에 따라 피임과 임신중절수술을 할
권리가 있다고 주장한다. 이것은 개혁주의자나 페미니스트의
주장과 사뭇 다르고 도드라진 주장이다. 노동당은 임신중절과
피임을 도덕적 쟁점으로 여기고 페미니스트는 이를 여성 쟁점
으로 본다. 출발점이 다르기 때문에 쟁점을 제기하는 방식과 주
장에서 사회주의노동자당은 다른 정치 경향과 구별된다.

---

* 1985년 보수당 정치인 이넉 파월이 발의한 법안으로 인간 배아 연구를 금
지하는 내용이었다.
** 1980년대에 빅토리아 길릭은 10대가 부모의 동의 없이 피임 기구를 구입하
지 못하도록 떠들썩한 운동을 벌였고 사회주의노동자당은 이에 반대하는
운동을 건설해 대응했다. 다행히 길릭은 법적 소송에서 패했다.

그런데 몰리뉴 글의 전반적 흐름을 보면 몰리뉴가 제기하려는 것이 단순히 실천과 관련한 전술적 차이는 아닌 듯하다. 이런 의문이 드는 이유는 몰리뉴의 글에 나타난 두 가지 견해 때문이다. 첫째는 남성 지배를 유지하는 게 단기적으로는 남성 노동자에게 이익이므로 성차별적 이데올로기가 혁명적 정당에 영향을 미친다는 주장이다. "매우 혁명적인 남성조차 여성 차별에서 얻는 단기적 혜택의 영향을 받는다. 그러므로 혁명적 정당이 '당연히' 여성 노동자의 이익을 중요하게 여길 것이라고 단정할 수 없다."[16]

이런 주장은 혁명적 사회주의자의 실천을 심각한 오류에 빠뜨린다. 단도직입적으로 말해, 이런 주장은 혁명적 남성이 여성해방을 위해 진지하게 싸울 수 없다는 것이다. 이들이 혁명적 투쟁을 건설하려면 노동계급 안의 성별 분열에 맞서야 한다는 점을 이해하는지 의심스럽기 때문이다. 여성 차별에 맞선 투쟁에서 남성을 믿을 수 없다면 백인도 인종차별에 맞선 투쟁에서 믿을 수 없다는 결론에 이른다. 이런 식이라면 차별받는 당사자가 아닌 사람은 아무도 차별에 맞선 투쟁에 진지하게 나설 수 없다. 그 논리적 결론은 (모든 종류의 차별에 맞서 체계적 투쟁을 이끌어야 할) 혁명적 정당을 노동계급 안에서 건설하는 게 불가능하고, 더 나아가 노동계급은 그 내부의 다양한 분열을 스스로 극복할 능력이 없다는 것이다. 몰리뉴가 '여성 쟁점'에 대해 남성 혁명가를 신뢰할 수 없다고 생각한다면, 혁명적 정당에 별도의 조직적 수단을 만들어 여성이 남성의 결점을 보완하게 해야 한다는 것이나 다름없다. 물론 몰리뉴는 이렇게 제안한 적 없다고 항변하겠지만 그렇다고 그가 견지하는 주장의 논리적 결론이 달라지지는 않는다.

몰리뉴가 단순히 전술적 차이를 제기하는 게 아니라고 생각하는 둘째 이유는 그가 고전 마르크스주의 전통에 의문을 던지는 방식 때문이다. 몰리뉴는 파리코뮌에서 여성에게 투표권을 허용하지 않았는데 마르크스가 이를 간과했다는 점, 콜론타이가 [남성 혁명가의 반발과 비협조 때문에] 볼셰비키 안에서 어려움을 겪었다는 점, [1960년대 말 여성해방운동이 분출하기 전까지 여성 쟁점을 소홀히 여긴] 사회주의노동자당의 지난 경험 등이 자신의 주장을 뒷받침한다고 말한다. 그러나 놀랍게도 볼셰비키가 이룬 엄청난 성과인 러시아 혁명 그 자체와 러시아 혁명이 여성해방에 미친 영향은 언급하지 않는다.

지금까지 인류 역사를 통틀어 여성해방운동은 러시아 혁명 때 절정에 올랐다. 몰리뉴도 이 사실을 부정하지는 않을 것이다. 문제는 여성 쟁점에 대한 볼셰비키의 태도를 비판하는 주장이 여성해방에 러시아 혁명이 기여했음을 부정하는 주장과 전통적으로 연결돼 왔음을 몰리뉴가 모를 리 없는데도 볼셰비키의 태도만 언급한다는 것이다. [한편] 사회주의노동자당이 겪은 어려움은 여성 쟁점을 소홀히 여긴 데서 비롯한 게 아니라 고전 마르크스주의 전통을 망각한 데서 비롯했다. 더 정확히 말해, 우리의 어려움은 여성 차별에 맞서고 성차별주의에 도전하는 수단으로 〈위민스 보이스〉 모임을 (당의 [기초 조직인] 지회와 별도로) 만들면서 프티부르주아 페미니즘을 수용하고 이를 우리 사상과 실천에 접목하려 한 데서 비롯했다. 노동계급 남성이 여성 차별에서 득을 본다는 몰리뉴의 주장을 수용하면 여성해방운동과 지난날 우리 자신이 겪은 오류를 반복할 수밖에 없을 것이다.

이제 몰리뉴의 주장이 어떤 결론으로 나아가는지 살펴보겠다.

여성해방운동

사실 노동계급 남성이 여성 차별의 수혜자라는 주장은 새로울 게 없다. 이 주장은 가부장제 이론과 밀접하게 연결돼 있다. 가부장제 이론은 1960년대 말 미국에서 여성해방운동이 성장하면서 모습을 드러냈다. 1969년 뉴욕급진페미니스트 그룹은 다음과 같이 선언했다. "우리는 남성을 상대로 권력투쟁을 벌이고 있다. ⋯ 여성해방이 궁극적으로 남성을 억압자라는 해악적 구실에서 해방하는 것임을 깨달은 동시에 우리는 남성이 자신의 해방을 순순히 받아들일 것이라는 환상도 품지 않는다."[17]

이 성명은 그리 놀랍지 않은데, 급진주의 페미니스트가 여성 해방 투쟁은 본질적으로 남성과의 대결이라고 거리낌 없이 말하기 때문이다. 이런 생각의 뿌리는 남성과 여성의 이해관계가 다르므로 여성은 남성과 별도로 조직해야 한다는 것이다. 영국의 초기 여성해방운동을 지배한 사회주의 페미니스트도 이런 생각을 받아들였다. 1972년 실라 로보섬은 다음과 같이 썼다. "체계적 사상으로 정립된 이 새로운 페미니즘의 중요한 특징은 사회주의 혁명이 일어나도 이런 변화[여성해방]가 자연스럽게 일어나지 않는다고 여기고, 여성이 지금부터 별도로 운동을 벌여 [여성해방이] 혁명의 결과가 아니라 전제 조건임을 분명하게 주장해야 한다고 생각한다는 점이다."[18]

로보섬은 사회주의 혁명의 필요성을 인정하지만 동시에 여성 해방을 위해 여성이 별도로 운동을 건설해야 한다고 주장한다. 1973년에는 가족 내 [불평등한] 남녀 관계 때문에 여성은 남성과 따로 활동해야 한다는 생각을 더 분명하게 드러냈다. "자본주의는 새로운 소유·지배 관계를 만들었다. 생산수단을 소유하지 못한 계급이 등장했다. … 그러나 남성은 여전히 여성의 몸과 마음을 소유했다. 그 자신은 이미 오래전에 다른 남성의 소유에서 벗어났는데 말이다. 남성은 계속 여성의 창의적 능력을 소유하고 그것을 가족 안에 가뒀다. … 남성이 여성의 노동을 소비하고 권력을 행사하는(특히 가족 안에서) 질서인 가부장제와 계급 착취의 관계는 직접적이거나 단순하지 않다."[19] 남성이 여성을 소유하고 통제하는 것이 여성 차별의 원인이라고 보면 별도의 여성 조직이 필요하다는 결론을 내리는 것이 자연스럽다.

뒤이어 로보섬은 조직적·전략적 문제를 제기한다. "다른 운동과 분리하지 않고 어떻게 우리의 독자성을 유지할 수 있는가? 단기적 요구와 모두가 해방된 사회 건설이라는 장기적 과제를 어떻게 결합할 수 있는가?"[20] 로보섬의 주장을 다른 말로 설명하면 다음과 같다. 남성과 여성의 단기적 이해관계는 다르다. 남성과 여성이 똑같이 사회주의 혁명을 궁극적 목표로 삼더라도 가부장제가 존재하기 때문에 여성은 자신의 이해관계에 따라 남성과 별도로 조직하고 투쟁해야 한다.

가부장제 이론은 여성이 [남성과] 따로 투쟁하는 것을 정당화한다. 가부장제 이론의 문제는 그 이론을 지지하고 맹신하는 사람들이 저마다 가부장제의 의미를 다르게 사용한다는 점이다. 마르크스주의 관점에서 봤을 때 중요한 것은 가부장제 이론의 목적이 남성이 여성을 지배한다고 설명하는 것이고, 이를 근거로 여성이 어떤 형태로든 남성에 맞서 싸워야 한다고 주장한다는 점이다. 즉, 가부장제 이론은 남성과 여성의 이해관계가 대립한다고 전제한다. 이 이론의 또 다른 특징은 여성 차별이 계급 사회와 (복잡하게 얽혀 있긴 하지만) 별개라고 생각하기 때문에 사회주의를 향한 투쟁만으로는 여성 차별을 낳는 사회구조를 바꾸지 못한다고 주장한다는 것이다.

이론적으로 사회주의 페미니즘은 모순적 개념이다. 앞에서 주장했듯이, 마르크스주의는 여성 차별이 계급사회의 등장에서 비롯했다고 분석하고 이를 토대로 계급사회가 철폐되면 여성 차별이 사라질 수 있다고 주장한다. 무엇보다 마르크스주의의 핵심은 차별에 맞서 싸우는 것이 전체 노동계급에게 이롭다는 사실을 이해하는 것이다. 반면 사회주의 페미니즘은 사회주의 혁명과 가부장제 철폐를 주장하고, [단결이 필수인] 노동계급의 자력 해방과 남성과 분리된 여성의 투쟁을 주장하는데, 이것은 목적과 투쟁 방식에서 모두 모순적이다. 로자 룩셈부르크는 베른슈타인과 논쟁하면서 같은 목표를 향한 서로 다른 길이 있는 게 아니라 다른 목표를 향한 각자의 길이 있을 뿐이라고 주장했는데, 사회주의 페미니즘도 이와 마찬가지다. 결국 사회주의를 향한 투쟁과 가부장제에 맞선 투쟁 가운데 하나로 기울 수밖에 없을 것이다.

여성해방운동 초기에는 이런 모순이 공존할 수 있었다. 많은 여성이 [남성과 함께] 노동자 투쟁에 참여하고 혁명적 조직이나 그 주변에서 활발히 활동하면서도 여성해방운동 안에서는 남성과 따로 행동했다. 그러나 1978년에 이르자 남성에 맞선 여성 별도의 조직을 배타적으로 강조하는 급진주의 페미니즘이 득세했다. 1978년 전국 여성해방운동 대회는 급진주의 페미니스트가 주도했는데, 이것이 마지막으로 열린 여성해방운동 대회였다.[*] 급진주의 페미니스트와 사회주의 페미니스트 사이의 불안정한 연합은 완전히 깨졌다. 그 후 사회주의 페미니스트는 어떻게 됐을까? 안타깝게도, 당시의 사회적 분위기는 여성해방운동 안에서 급진주의 페미니스트가 주목받고 영향력을 확대하게 만들었지만, 동시에 사회주의 페미니스트가 우경화하게도 만들었다. 사회주의 페미니스트는 사회주의 혁명이라는 전망을 버리고 사회주의적 변화의 출발점인 노동자 투쟁에서 멀어졌다.

여성해방운동 초기에 영국에서 사회주의 페미니스트가 우세했던 근본적 이유는 노동계급 투쟁이 강력한 덕분에 [노동자 투쟁을 중시하지 않는] 다른 정치적 경향이 자라기 어려웠기 때문이다. 1972년에 광원들은 히스 정부와 보수당의 임금 억제 정책을 좌절시켰고 항만 노동자 등은 노사관계법을 폐기하고 [노사관계법 위반 혐의로] 펜턴빌 교도소에 수감된 항만 노동자 5명이 풀려나게 만들었다. 1974년에는 광원들이 노동조합의 사회적 영향력을 발휘해 보수당 정부를 무너뜨렸다. 이런 투쟁은 노동계급

---

* 여성운동 내의 분열과 다툼이 너무나 심각했기 때문에 전국 여성해방운동 대회는 중단됐다. 한 페미니스트는 당시의 상황을 다음과 같이 기록했다. "분열이 너무 격렬하고 고통스러웠기 때문에 아무도 그런 모임을 다시 조직하려 하지 않았다."

이 사회를 바꿀 힘이 있음을 분명하게 보여 줬다. 이런 사회적 분위기 덕분에 사회주의를 향한 노동자 투쟁을 지지하는 여성들이 여성해방운동 안에서 주도력을 발휘할 수 있었다. 또한 사회주의 페미니스트가 사상과 실천에서 모두 (남성과 분리된 여성의 별도 조직 못지 않게) 사회주의 조직을 강조하는 것을 이상하게 여기는 사람도 많지 않았다.

그러나 1978년에 계급 세력균형이 바뀌었다. 노동자 투쟁이 패배하고 노동자 조직이 약해졌다. 이것은 노동당 정부에 대한 환멸과 관련 있었다. 노동계급 안에서 패배주의가 자라났고, 싸워서 이길 수 있다는 자신감이 낮아지자 사회가 전반적으로 우경화됐다. 이런 상황은 갈수록 노동계급 중심성에서 멀어지며 차별에 맞선 운동의 연합을 추구하던 좌파와 사회주의 페미니스트에게 악영향을 미쳤다. 이 점은 1979년에 실라 로보섬이 쓴 《파편화를 넘어》에 가장 분명하게 나타났다. 사회주의 조직 건설이라는 목표는 사라졌다. 그 대신 사회주의의 예시적 형태를 현실에서 구현하려 했다.* 로보섬의 글이 레닌주의 일반, 더 구체적으로는 사회주의노동자당에 퍼붓는 독설 가득한 비난이

---

* 예시 정치라고 부른다. 운동 단체가 추구하는 미래 사회의 모습을 그 단체 내에 반영하려고 노력하는 조직 방식이나 사회관계를 가리킨다. 《파편화를 넘어》는 노동계급 조직, 특히 레닌주의 조직을 전면 공격했고 노동계급이 더는 사회변혁의 주체가 아니라고 여겼다.

아니었다면, 나는 이 글을 노동계급이 혁명적 사회계급으로서 제구실을 톡톡히 하지 못할 것이라는 전망에서 비롯한 절망적 울부짖음 정도로 치부하려는 유혹에 빠졌을 것이다.

노동계급과 단절하자마자 사회주의 페미니스트는 매우 빠르게 우경화했다. 1982년에 출간된 《달콤한 자유》에서 애나 쿠트와 비어트릭스 캠벨은 "남성과 여성의 이해관계가 충돌하[므로] 별도의 여성 조직을 유지해야 한다"고 말했을 뿐 아니라 "제도 정치"에 참여해야 한다는 주장도 했다. "여성해방운동은 지금까지 제도 정치의 언저리에 머물렀다. 발만 살짝 담가 보고는 제도 정치와 맞지 않는다고 생각했다. 대다수 페미니스트는 [여성에] 적대적이고 남성이 지배하는 '주류' 정치에 얽매이지 않고, 제도 정치 바깥에서 더 나은 일을 할 수 있다고 여겼다. 그러나 사회를 바꾸고 스스로를 해방하는 데 진지하게 접근한다면, 우리는 제도 정치에 뛰어들어 살아남아야 할 것이다."[21] 여기서 이들이 말하는 제도 정치는 당연히 노동당이다.

사회주의 페미니스트는 혁명적 정치에서 이탈해 운동주의를 거쳐 노동당 정치로 탈바꿈했다. 이 과정에서 근본적 변화를 위한 전략은 자본주의 내 변화를 추구하는 것으로 후퇴했다.

우리가 보기에 가장 큰 어려움은 필요한 자원을 마련하는 게 아니라 남성이 자신의 특권을 포기하도록 설득하는 것이다. 남성이 특권을 포기한다는 것의 핵심은 남성이 [집안일과 육아 등] 무보수 노동을 하지 않던 특권과 고숙련·고임금 일자리를 독차지하던 특권을 포기하는 것이다. 여성과 남성이 집안일을 동등하게 분담하려면 남성은 무보수 노동시간을 늘려야 한다. 여성의 소득을 남성과 같은 수준으로 높이려면 남성의 소득은 불가피하게 낮아질 것이다. 고숙련·고임금 일자리에서 남녀 비율이 같아지도록 하려면 이 일자리에 대한 남성의 진입 장벽을 높여야 한다.[22]

이들의 주장은 노동계급 안에서 부와 일자리를 재분배하자는 것이다.

"페미니즘 소득정책"이나 평등한 가사 분담 등이 남녀평등 전략이라는 주장은 얼토당토않다. 그러나 이런 생각은 확실히 뿌리내려 현실 세계에 영향을 미치고 있다. 최근 해크니의 평생교육원 원장은 다음과 같은 성명서를 발표했다. "돈은 언제나 부족하다. 선택을 해야 한다. 지금까지는 일부 사람만 자신이 원하는 것을 얻고 나머지는 그러지 못했다. 그러나 우리는 원하는 것을 얻지 못했던 사람들, 즉 여성, 실업자, 소수민족, 노인, 장애인에게 유리한 선택을 해야 한다. 곧 그동안 국가의 지원을 받은 사람들, 다시 말해 남성, 취업자, 백인, 비장애인과 함께하지 않겠다는 것이다."[23]

원장[즉, 예산을 짜는 경영자]의 위치에 있는 사람이 이런 주장을 하는 것은 별로 놀랍지 않을 수 있다. 그러나 교직원 가운데 사회주의노동자당 당원을 제외한 모든 '좌파'가 이 주장에 동의했다는 것은 충격적이다. 그렇지만 오늘날 영국 좌파가 《달콤한 자유》의 주장을 지지한다는 사실에 비춰 보면 마냥 뜻밖의 일은 아니다.

안타깝게도 여성운동은 여기서 멈추지 않고 더 후퇴했다. 여성 주도로 시작한 그리넘커먼[*] 평화운동은 1983년에 언론의 1면을 장식하고, 수많은 사람들을 끌어들이고, 그보다 훨씬 많은 사람들에게 영향을 미쳤다. 그리넘커먼 평화운동에는 두 요소, 즉 사회주의자와 진보적 대중이 마땅히 지지해야 할 진보적 요소와 매우 반동적 주장이 섞여 있었다. 진보적 요소는 무엇보다 이 운동이 크루즈미사일에 반대하는 행동이라는 것이다. 이것이 이 운동의 가장 중요한 요소다(아쉽게도 사회주의노동자당의 기관지 〈소셜리스트 워커〉와 많은 사회주의자가 이 점을 간과했다).

그렇지만 그리넘커먼 운동의 다른 측면, 예컨대 남성은 부차적 구실을 하는 지지자로 남고 여성이 주도권을 잡아야 한다는 주장이나 이 운동의 본질 등은 짚고 넘어가야 한다. 운동 주도

---

[*] 영국 버크셔 주에 있는 공군기지다. 1981년 크루즈미사일 배치에 반대하는 여성들이 기지 주변에 여성 캠프를 세웠다. 1983년에 운동이 확대돼 수만 명이 운동에 참가했고 크루즈미사일이 배치된 후에도 시위대 5만 명이 기지를 에워싸며 항의했다.

자들의 주장은 다음과 같이 요약할 수 있다. 여성은 육아를 담당하므로 남성보다 배려심이 깊고 더 적극적으로 살상 무기를 반대한다. 반면 남성은 폭력적이고 공격적이기 때문에 살상 무기 생산에 책임이 있다.

군비 경쟁이 자본주의 경쟁의 산물이 아니라 마초적 남성의 창작물이라는 주장도 문제지만 글의 취지에서 벗어나므로 다루지는 않겠다. 이 글에서는 여성이 주도적 구실을 해야 하는 이유로 모성을 내세웠다는 점을 살펴보겠다. 이런 태도는 극단적으로 나아가 여성에게 기저귀같이 모성을 상징하는 물건을 가져와 그리넘커먼의 기지 철조망에 걸라고 권유하기까지 했다. 모성을 예찬하는 것이 운동의 정신적 상징이 됐다.

여성의 전통적 역할을 거부하고 자신을 새롭게 재정의하며 여성의 권리를 요구하는 여성해방운동이 한창이던 1960년대 말에 혁명적 사회주의자가 된 여성(나 자신도 그런 경우다)은 그리넘커먼 운동에 참여하고 엄청난 이질감을 느꼈다. 나는 크루즈미사일에 반대하는 시위에 참여하러 그리넘커먼에 갔지만 (극우나 보수당 행사에서나 볼 법한) 여성성 예찬 분위기가 매우 불편했다. 무엇보다 [남성과 여성은 원래 다르다는 식의 주장은 보수당 장관] 패트릭 젱킨이 1980년에 한 말의 거울 이미지라 할 수 있다. "신이 인간 모두 평등하게 일하고 동등한 권리를 누리게 할 생각이었다면, 애초에 남자와 여자를 따로 창조하지 않았을 것이다."[24]

페미니즘은 한 바퀴를 돌아 제자리로 돌아왔다. 다시 말해, 이 운동은 처음에는 여성의 전통적 역할을 전면 거부했는데 이제는 여성의 전통적 역할에 기반을 둔다. 이러니 사람들이 여성해방운동이라는 말 대신 여성운동이라는 말을 사용하는 게 조금도 이상하지 않다. 이 운동에서 해방이라는 개념은 확실히 사라졌다.

이때부터 [페미니즘에서] 노동자의 여러 행동을 성과 연결해 규정하기 시작했다. 피케팅이나 피케팅 원정* 같은 공세적 전술은 모두 마초적이고 남성의 폭력성을 보여 주는 전형이라고 비난받았다. 그러나 알려지지 않은 영국 노동운동의 역사를 살펴보면 수많은 여성이 이런 행동을 벌였음을 알 수 있다. 1984년 여름과 가을에 수많은 광원의 아내가 피케팅에 동참하고 경찰에 맞서 싸웠다. 이것 말고도 여러 사례가 있는데, 예를 들어 리즈 지역 의류 공장의 여성 노동자 2만 명이 피케팅 원정을 해서 파업을 확대했고, 페이크넘의 여성 노동자들은 직장 폐쇄에 맞서 공장을 점거했다. 그런웍스의 여성 노동자들이 피케팅을 벌이자

---

* 피케팅은 파업 불참자나 대체 인력의 작업장 출입을 막고 파업 참가자의 이탈을 막기 위한 대중적 통제 활동이고, 피케팅 원정은 다른 작업장으로 행진해 파업 동참을 호소하는 것이다.

수많은 노동자가 연대했다. [페미니스트는] 전투적 노동자 투쟁 전술이 그 본질상 마초적이라는 주장을 고수하려고 여성 노동자의 투쟁사도 기억에서 지운 듯하다.

15년 전에는 사회주의 페미니스트와 혁명적 사회주의자의 차이가 크지 않아 보였다. 여성해방에 대한 견해차, 즉 여성과 남성의 이해관계가 다르므로 별도의 여성 조직이 필요하다는 주장에 이견이 있었지만 사회주의 혁명을 추구한다는 공통점이 훨씬 커서 사회주의 페미니스트와 혁명적 사회주의자가 결속할 수 있는 듯했다. 그러나 이제는 정치적 이견이 엄청나게 크고 인류를 모든 종류의 차별에서 해방한다는 목표도 더는 공유하지 않는다.

여성해방운동의 역사는 가부장제 이론을 마르크스주의에 통합하는 게 가능하다고 생각하는 사람에게 쓰디쓰지만 유익한 교훈을 준다. 여성 차별의 원인을 올바르게 분석하고 여성 차별을 없애기 위해 효과적으로 싸우려면 고전 마르크스주의 전통에 기초해야 한다. 남성이 여성 차별에서 득을 본다는 몰리뉴의 견해는 마르크스주의 전통에서 멀어지는 첫걸음이다. 혁명적 사회주의자는 이 걸음을 내딛지 말아야 한다.

마르크스와 《자본론》, 그리고 여성

헤더 브라운이 여성 차별에 관한 마르크스 저작을 연구한 중요한 책을 썼다.[1] 저자는 이 책을 최근의 경제적·정치적 맥락 속에 자리매김하면서, 여성이 세계경제에서 하는 구실과 최근 분출한 '점거하라 운동' 같은 강렬한 투쟁들, 특히 2011년부터 시작된 중동 혁명에서 여성이 보여 준 활약을 언급했다. 게다가, 지난 몇 년 동안 마르크스주의에 대한 관심, 그리고 젠더 문제와 여성 차별을 이해하는 데 마르크스 이론이 적절한지에 대한 관심이 되살아났다. 브라운은 이런 상황에서 마르크스 저작의

출처: "Marx rediscovered", *International Socialism* 146(Spring 2015). 이 글은 헤더 브라운의 책 *Marx on Gender and the Family: A Critical Study*에 대한 서평이다.

가치를 재평가해야 한다고 올바르게 주장한다. 특히 과거 사회주의 페미니스트들이 "마르크스 경제학과 방법론을 페미니즘 이론과 결합"시키지 못했고,[2] 지난 20여 년간 득세한 포스트구조주의와 차이 이론들이 "(당연히 중요한 쟁점이지만) 문화, 이데올로기, 지역적 저항에만 초점을 맞춘 결과, 반자본주의적 페미니즘이 등장하지 못했다"는[3] 점을 볼 때 그렇다는 것이다. 브라운은 마르크스 연구를 통해 다음과 같이 결론 내린다. 마르크스는 "체계적 젠더 이론을 발전시키지는 않았지만 여성 문제는 마르크스가 분업, 생산, 사회 전반을 이해하는 데서 필수적 범주였다."[4] 물론 마르크스의 일부 저작이 "19세기 사상의 한계를 드러내는" 것은 사실이지만[5] "마르크스는 젠더 이론과 사회 이론에 중요한 방향을 제시했다."[6] 또 마르크스는 "가족 내 차별과 성차별이 존재하는 한 계급 없는 사회를 건설하고 유지하는 것은 불가능하다"고 주장했다.[7]

브라운의 책은 마르크스의 사상이 착취와 차별을 이해하는 데 "필수적이고 지적 능력이 있음"을[8] 재조명하는 반가운 연구서다. 《인터내셔널 소셜리즘》에 함께 실린 로라 마일스의 글 "트랜스젠더 차별과 저항"은 마르크스가 살던 시대에는 사회적 쟁점이 아니었던 차별 형태를 분석하는 데도 마르크스주의적 접근법이 유용할 수 있음을 잘 보여 주는 최근 사례다.[9]

브라운은 자연, 가족, 사회에 관한 마르크스의 견해를 분석하고 마르크스의 정치경제학 저작에서 여성 문제를 다룬 부분을 살펴본다. 또한 마르크스가 부르주아 여성이 가족과 사회에서 겪는 차별을 무시하지 않았고, 제1인터내셔널에서 여성이 지도적 구실을 하도록 지원했고, 노동조합과 파리코뮌에서 제기된 여성의 구체적 요구를 지지했음을 보여 주는 자료를 제시한다. 브라운은 마르크스를 "다시 널리 알려" 새로운 청중들, 특히 오늘날 차별에 맞서 투쟁하는 여성들이 마르크스와 그가 세계를 분석하는 방법을 다시 살펴보도록 설득하고자 한다.

브라운은 마르크스의 견해를 꽤 충실히 서술했지만 정작 자신은 마르크스의 견해를 일관되게 적용하지 않는다. 브라운의 마르크스 해석 중 일부는 모종의 [사상적] 영향 때문에 마르크스의 일부 견해를 모순되게 제시하기도 한다. 차별과 계급의 관계가 특히 그렇다. 이는 브라운이 최근 널리 받아들이는 "교차성" 이론, 즉 계급·인종·성 등이 모두 사람들의 삶을 좌우하는 동등한 요인이라고 여기는 이론을[10] 뒷받침하는 데 자신의 분석을 활용하고자 했기 때문이다. 그래서 브라운은 다음과 같이 결론 내린다. "많은 영역에서 마르크스의 사회 이론은 페미니즘의 통찰을 마르크스주의와 결합해서, 성차별과 계급 차별 중 어느 하나에 근본적 우선순위를 두지 않는 단일 이론을 세울 수 있는 가능성을 열어 놓았다."[11]

브라운은 1989년 이전의 소련, 중국, 동유럽 나라 등이 모종의 사회주의 사회였고 그 사회에서도 여성들은 여전히 차별받았다고 보기 때문에, 여성 차별을 폐지하는 데 사회주의 혁명이나 노동계급이 핵심이라고 생각하지 않는다. 이 때문에 자본주의 사회에 가부장제(브라운은 이것이 무엇인지 정의하지 않는다)가 존재한다는 견해는 더욱 견고해진다.[12] 브라운은 "프롤레타리아의 정치·경제 혁명만으로는 충분하지 않다. 사회관계 또한 뒤바뀌어야 하며, 여성은 새로운 사회를 건설하는 과정에서 여성으로서 중요한 구실을 해야 한다"는[13] 라야 두나옙스카야의 주장을 되풀이한다. 이 때문에 브라운은 지금까지 모든 계급사회에서 여성 차별이 모든 계급의 여성에게 영향을 미쳤지만, 계급에 따라 여성이 겪는 차별의 경험과 사회적·계급적 문제에 대응하는 방식이 다르다는 점을 일관되게 주장하지 못한다.

브라운이 이집트 혁명 때 주요 파업과 독립 노조에서 여성이 지도적 구실을 한 것에 대해 매우 피상적 시각을 드러낸 것도 이 때문인 듯하다. 머리말에서 브라운은 심지어 이집트 혁명이 여성에게 진보적 사건이었는지도 의심스럽다고 말한다. 그러나 혁명이 여성에게 미친 영향을 정부 요직으로만 평가해서는 안 된다. "최근 이집트 여성은 무바라크를 타도한 혁명에 매우 적극적으로 참여했지만 무바라크가 쫓겨난 뒤 정부 고위직에 여성이 임명되는 일은 일어나지 않았다. 오히려 현재 내각에서 여성이 차지하는 비율은 무바라크 정권 시절보다도 줄었다."[14]

더 근본적으로 브라운은 프리드리히 엥겔스의《가족, 사유재산, 국가의 기원》[이하《기원》]에 대한 두나옙스카야의 비판을 고스란히 받아들이는 듯하다.[15] 마지막으로, 브라운은 이따금 자신의 정치적 시각을 뒷받침하는 일부 견해를 마르크스가 이야기한 적이 없음에도 그의 사상이라고 주장한다.

나는 이 글에서 마르크스의 언론·정치 활동에 대한 브라운의 해석은 간략히만 다룰 것이다. 그보다는 자연과 젠더, 자본주의와 재생산에 대한 브라운의 견해와 브라운이 엥겔스와 마르크스를, 특히 엥겔스의《기원》과 마르크스의《민속학 노트》를 대립시키는 방식에 초점을 맞추려고 한다.[16]

인간 본성과 소외

인간 본성은 사회주의자들에게 매우 논쟁적 주제다. 평등한 사회 건설이 불가능하다는 '상식'적 주장은 인간 본성이 타고난 불변의 것이라는 본질주의적 시각, 즉 남성은 이런 본성을 여성은 저런 본성을 타고났다는 생각에 바탕을 두고 있다. 인류의 생물학적 재생산을 담당하는 여성을 자연에 더 가까운 존재로 여기는 이런 본질주의적 시각은 부정적으로도 긍정적으로도 받아들여질 수 있다.[17] 여성 문제와 젠더 문제의 '단일한' 이론을 원하는 브라운은 인간 본성과 환경에 관한 모든 이원론을 옳게 거부한다. 브라운은 마르크스 사상을 젠더 분석의 기초로 삼을 수 있음을 보여 주는 다섯 가지 중요한 논점을 제시한다.

첫째, 브라운은 마르크스가 인간을 자연의 일부지만 의식적인 독특한 일부로 봤다고, 즉 자연의 나머지 부분과 변증법적 관계를 맺으며 살아온 존재로 여겼다고 지적한다. 다시 말해, 인간은 생존하려면 숨 쉬고 먹고 마시는 등 자연을 '활용'해야만 하고 그 과정에서 외부 환경을 변화시키고 자신의 본성 또한 변화시킨다. 예를 들어, 식물과 과일을 모으고 동물을 사냥해 살아가던 수렵·채집 사회는 자연의 일부 요소를 자연에서 제거함으로써 외부 환경에 분명히 영향을 미쳤다. 또한 채집과 수렵을 위한 도구를 개발하고 공동체의 생존에 필요한 활동을 위해 서로 협력하는 과정은 이런 활동에 참여하는 인간을 변화시켰고 인간의 신체적·기술적·지적 능력의 발전을 자극했다.[18]

둘째, "마르크스는 불변의 인간 본성이란 존재하지 않는다고 생각했다. 오히려 '역사적으로 특정한 형태의 인간 본성, 즉 봉건제, 자본주의, 사회주의 등 각 사회마다 독특한 인간 본성'이 존재할 뿐이라고 봤다. 그러므로 마르크스는 인간 본성이 변할 수 있으며 변한다고 생각했다"고 브라운은 주장한다.[19]

셋째, 브라운은 마르크스의 소외 개념을 검토한다. 마르크스는 자본주의 사회에서 노동자가 무엇을 어떻게 생산할지, 자신의 노동 생산물이 어떻게 쓰일지 통제하지 못하기 때문에 인간의 삶이 뒤틀려 있다면서 이것을 소외라고 했다.

자본주의적 소외는 노동 생산물과 노동자를 소외시킬 뿐 아니라, 다른 더 일반적 결과도 낳는다. 노동자는 다른 인간과도 소외된다. "인간이 자신과 대립할 때 그는 다른 인간과도 대립한다. 인간이 자신의 노동, 자신의 노동 생산물, 그 자신과 맺는 관계는 그가 다른 인간, 다른 인간의 노동, 다른 인간의 노동 대상과 맺는 관계와 같다." 그러므로 소외는 단지 작업장에만 존재하는 것이 아니라 모든 사회관계에서 나타난다. 이 점은 젠더 관계를 이해하는 데 특히 중요하다.[20]

소외 개념은 강간, 아동 학대, 선정적 광고, [영국 보수 신문] 〈선〉 3면[의 여성 알몸 사진], 포르노 등 오늘날 성 상품화가 미치는 영향을 파악하는 데 필수적 도구다.[21]

넷째, 브라운은 마르크스가 《1884년 경제학·철학 수고》에서 한 사회의 인간 발달의 척도는 남성과 여성의 관계라고 주장한 구절을 인용한다.

여성[Weib]과 남성[Mann]의 관계는 인간과 인간의 가장 자연스러운 관계다. 그러므로 인간[Mensch]의 자연적 행동이 얼마나 인간적으로 됐는지, 인간적 본질이 인간에게 얼마나 **자연적 본질**로 됐는지, 인간의 인간 본성이 인간에게 얼마나 **자연**으로 됐는지가 이런 관계 속에서 드러난다.[22]

마지막으로, 브라운은 《1844년 경제학·철학 수고》같은 초기 저작부터 《자본론》같은 후기 저작까지 인간과 자연의 관계에 대한 마르크스의 견해는 줄곧 동일했다고 주장한다.

그래서 브라운은 계급사회에서 남성과 여성이 형성되는 과정과 그들이 하는 구실을 설명할 젠더 이론의 토대가 마르크스 사상 안에 있음을 보여 주는데, 그것은 바로 남녀의 성 역할이 사회마다 역사적 시기마다 달랐다는 사실이다. 또한 브라운은 마르크스가 인간 본성 일반을 본질주의적으로 환원하지 않았듯이 여성의 본성 또한 본질주의적으로 정의하지 않았다고 주장한다. 그러나 안타깝게도 브라운은 《1844년 경제학·철학 수고》에서 "마르크스는 여성 차별이 계급 차별보다 훨씬 더 근본적이라고 주장하는 듯하다"며 근거 없는 추론을 하기도 한다.[23]

마찬가지로, 두나옙스카야를 좇아 브라운은 마르크스가 여성을 역사적 주체의 일부로 바라보지 않았다고 암시하면서, 페미니스트들이 독자적 여성해방운동을 발전시킨 이후에야 여성이 비로소 역사적 주체로 인식됐다고 주장한다. "그러므로 마르크스는 새로운 사회를 건설하려면 여성 차별이 사라져야 한다

고 생각했지만, 이후의 역사적 발전 과정은 여성이 자기 힘으로
만 역사적 주체가 될 수 있음을 보여 줬다."[24] 여기서 브라운은
《독일 이데올로기》를 언급하지 않는데 이는 마르크스에게 부당
한 처사다. 왜냐하면 마르크스와 엥겔스는 《독일 이데올로기》
에서 혁명에 관해 쓰면서 "사회 구성원의 다수를 차지하는 계
급[이 출현하는데], 바로 이 계급에서 근본적 혁명이 필요하다는
의식[공산주의 의식]이 생겨난다"고 말하기 때문이다.[25] 마르크스
와 엥겔스는 더 나아가 노동계급도 변해야 한다고 주장했다.

> 그러므로 인간[Menschen]의 대대적 변화가 필요한 이유는, 지배계
> 급이 다른 방법으로는 전복될 수 없을 뿐 아니라 지배계급을 전
> 복하는 계급이 오직 혁명 과정을 통해서만 낡은 오물을 모두 씻
> 어 내고 새로운 사회를 건설할 준비가 되기 때문이다.[26]

마르크스와 엥겔스가 독일어 원문에서 언급하는 노동계급
이 남성만이라는 증거는 전혀 없다. 이들은 스스로 관찰을 통
해 19세기 중반에 노동자는 남성뿐 아니라 여성과 어린아이도
있었다는 점을 너무나 잘 알고 있었다. 브라운 자신이 나중에
파리코뮌에서 여성이 한 구실에 대해 마르크스가 쓴 글을 다
룬다.

마르크스와 《자본론》, 그리고 여성

 마르크스에 대한 가장 흔한 반론은 마르크스가 생산 분석에 너무 집착한 나머지, 가족이나 재생산, 사적 영역에서 여성이 전통적으로 해 온 구실을 깎아내릴 수밖에 없었다는 주장일 것이다. 이런 주장은 마르크스가 노동자와 작업장 문제에만 몰두한 경제 환원론자라는 비난으로 이어진다. 이 견해는 또한 생산 영역을 마르크스 이론으로 설명하고 재생산이나 사적 영역을 '가부장제'로 설명하는 '이중체계' 이론에도 반영됐다. 그러나 브라운은 노동 없는 자본은 존재할 수 없고(둘은 변증법적으로 연결돼 있다) 노동이 잉여가치의 원천이므로 노동자는 개인이든 세대든 스스로 재생산해야 한다는 것이 마르크스의 견해라고 주장한다. 마르크스는 "신체의 재생산이든 사회적 재생산이든 재생산이 자본주의적 축적 과정의 필수적 특징이 되는 방식에 주목했으며"[27] 여기서 재생산이란 다음 세대의 노동자들을 재생산하는 것도 포함한다.

 남성과 여성이 살아가는 방식은 특정한 사회적 맥락에 의해 좌우되므로 재생산은 단지 신체적·생물학적 문제가 아니다. 브라운은 노동계급이 스스로 재생산해야 하고 자본주의 생산양식에 노동계급의 재생산이 필수적임을 마르크스가 이해했다고 분명히 밝힐 뿐 아니라, "인간의 재생산과 관련한 가족 내 사회적 관계를 제대로 이해하려면 가족을 자본주의 생산양식 안에 위치시켜야 한다"고 말한다.[28] 더 나아가 브라운은 "마르크스는 생산이 가족과 사회 전체의 구조를 결정하는 주요 요인이라는 점을 분명히 이해했다"고 주장한다.[29] 곧바로 마르크스가 다룬 "사회관계가 대부분 시장 논리에 따라 통제되는 자본주의 생산양식뿐"이라고 단서를 달지만 말이다.[30]

마르크스가 《자본론》에서 재생산을 논의한 부분을 "꼼꼼히 읽어 볼" 필요가 있다는 브라운 자신의 주장을[31] 고려하면, 마르크스의 분석에서 노동계급 재생산은 핵심적 주제였고 마르크스가 이에 관해 (사람들이 흔히 인정하는 것보다 훨씬) 다각적 견해를 가졌음을 분명히 보여 주는 《자본론》의 여러 구절을 브라운이 인용하지 않은 것은 아쉽다. 이런 마르크스의 견해는 《자본론》에서 상품생산 분석의 한 측면으로서 계속 등장한다. 다음과 같은 구절이 그 예다.

노동력의 소유자가 오늘의 노동을 끝마치면, 그는 내일도 오늘과 동일한 힘과 건강을 유지한 채 동일한 과정을 반복할 수 있어야만 한다. 따라서 생계 수단의 총량은 노동하는 개인이 정상적 생활 상태를 유지하는 데 충분해야 한다. 음식물, 의복, 난방, 주택 등과 같은 그의 자연적 욕구는 한 나라의 기후나 기타 자연적 특성에 따라 다르다. 다른 한편으로 이른바 필수적 욕구의 범위나 그 충족 방식은 그 자체가 하나의 역사적 산물이며, 따라서 대체로 한 나라의 문화 수준에 따라 결정되는데, 특히 자유로운 노동계급이 어떤 조건에서 또 어떤 관습과 기대를 가지고 형성됐는지에 따라 결정된다. 그러므로 다른 상품과 달리 노동력의 가치 규정에는 역사적·도덕적[정신적] 요소가 포함된다.[32]

노동력의 가치를 논하는 같은 부분의 조금 뒤에서 마르크스는 "노동력의 생산에 필요한 생계 수단의 총량에는 보충 인원[노동자의 자녀]의 생계 수단이 포함"된다고[33] 말하고 나서, 노동자에게 특수한 훈련이 필요한 경우에는 그 교육 비용도 고려해야 한다고 분명히 언급한다.[34]

마르크스는 노동자가 어떻게 스스로 재생산하는지를 자세히 묘사하지는 않았지만, 위의 인용 구절은 노동력 재생산에 대한 마르크스의 생각을 잘 보여 준다. 마르크스는 노동력 재생산이 생산 영역 바깥에서 이뤄지며 상품 소비를 수반한다고 생각했다. 또 그는 《자본론》의 다른 부분에서 다음과 같이 말한다. "재봉·수선 따위의 가사 노동은 기성품 구입으로 대체될 수밖에 없다."[35] 이는 세탁기 같은 노동 절약형 기계를 사용할 때 가사 노동이 어떻게 변모할 수 있는지를 연구하는 데 필요한 관점도 제시한다.[36]

또한 노동일에 관한 마르크스의 논의를 읽어 보면 자본주의에서 재생산 영역은 생산 영역에 종속된다는 점을 분명히 알 수 있다. 자본은 각각의 노동자한테서 뽑아낸 잉여가치를 축적하고 증대하기 위해 끊임없이 노동일을 연장하려 하는 반면,[37] 노동자는 노동일을 제한하려고 애쓴다. 그래서 마르크스는 다음과 같이 결론 내린다. "동등한 권리와 권리가 서로 맞섰을 때는 힘이 문제를 해결한다. 따라서 자본주의 생산의 역사에서 노동일의 표준화는 노동일의 한계를 둘러싼 투쟁, 다시 말해 총 자본, 즉 자본가계급과 총 노동, 즉 노동계급 사이의 투쟁에서 결정된다."[38]

이것은 자본주의 사회의 여성 차별을 설명하는 데 가부장제가 필수적 개념이라는 논리를 정면으로 반박한다. 노동자들은 개인으로서, 또 하나의 계급으로서 살아가고 스스로 재생산해야 한다. 이런 과정은 생산 영역의 바깥인 재생산 영역에서 이뤄지지만 재생산 영역은 자본의 필요에 종속된다. 그러므로 재생산 영역인 가족 안에서 어떻게 불평등이 생겨나는지, 그리고 가족이 어떻게 자본주의에 의해 형성되는지를 설명해야 한다. 브라운 자신은 리즈 보걸의 사회재생산 개념이[*] 생산과 재생산

---

[*] 생산과 재생산의 분리를 극복하고 가족이 여성 차별에서 하는 구실을 자본주의 체제 전체 속에서 파악한다. 그러나 가족이 자본 축적에서 차지하는 중요성을 임금노동 착취와 대등하거나 비슷한 수준으로 취급해 가족이 자본주의 체제의 핵심 동학을 이루는 것처럼 오해하게 만든다.

이라는 "두 영역 사이의 상호작용을 설명하는 데 더 낫다"고 생각한다.

이런 이론적 공식에서 여성이 남성과 처지가 매우 다른 이유는 출산과 육아로 말미암아 사회재생산에서 독특한 구실을 하기 때문이다. 이런 여성의 구실은 어느 정도 생물학적으로 결정된 조건일 뿐 아니라, 모든 계급사회에 존재하는 모순, 즉 현재의 노동인구를 착취하는 것과 다음 세대를 재생산하는 것 사이의 모순에 의해 사회적으로 결정된 조건이기도 하다. 재생산에서 담당하는 생물학적 구실 때문에 여성은 효율성이 떨어지는 노동자가 되기 십상이고 따라서 가정 영역에 머무르는 경향이 있다.[39]

오늘날에는 임신이 더는 여성의 노동에 영향을 끼치는 상시적 특성이 아닌데도 브라운이 "효율성"이라는 단어를 사용한 것은 유감이다. 여성이 할 수 없는 일이 있다는 주장은 기계의 발전으로 말미암아 먹혀들지 않은 지 오래다. 마르크스가 살았던 시대든 오늘날이든 노동계급 여성이 가정에 머무른다는 생각 또한 사실이 아니다. 자본주의 생산관계의 맥락 속에서 여성은 임신과 출산으로 말미암아 가족 내에서 육아와 가사 노동의 부담을 모두 떠안게 됐다는 것이 사실이다. 이 점이 오늘날의 여성 차별과 대다수 여성이 바깥일과 집안일을 교대로 한다는 사실, 그리고 시간제 노동자의 대다수가 어린아이가 있는 여성이라는 사실을 이해하는 데 핵심이다. 물론 이런 주장을 마르크스가 《자본론》에서 발전시킨 것은 아니다. 그러나 브라운이 분명히 했듯이 중요한 점은 《자본론》에서 "마르크스는 자신이 살았던 특정한 체제인 자본주의 사회체제를 이해하고 변혁하는 데 주된 관심을 뒀다"는 것이다.[40]

브라운은 마르크스의 '생산적' 노동과 '비생산적' 노동 개념에 대한 여러 비판을 반박하면서, 마르크스가 '생산적'이라는 단어를 독특하게 사용했다고 지적한다. 마르크스는 자본의 관점에서 어떤 활동이 잉여가치를 생산하는지 아닌지에 따라 '생산적'이라는 단어를 사용했지, 일반적 의미에서 어떤 활동이 유용한지 아닌지에 따라 판단하지 않았다는 것이다. 가정에서 이뤄지는 노동은 유용하고 필수적이지만 잉여가치의 원천은 아니다. 마치 친구를 위해 요리하는 행위가 유용하지만 잉여가치를 생산하는 활동이 아닌 것처럼 말이다. 생산적 노동과 비생산적 노동은 이런 노동의 가치와 저런 노동의 가치를 도덕적으로 비교·평가하는 것이 아니다.[41]

《자본론》에서 마르크스는 모든 가족 구성원(남성, 여성, 어린아이)이 새롭게 등장한 공장 시스템으로 빨려 들어가는 과정을 그린다. "노동시간을 단축하는 가장 강력한 수단"이 될 수 있는 기계가 "변증법적 도치를 통해, 노동자와 그 가족의 모든 생활

시간을 자본의 가치 증식에 이용할 수 있는 노동시간으로 전환시키는 가장 확실한 수단"이 됐다.[42] 브라운은 "자본가를 위한 강제 노동은 아이들의 놀이 시간뿐 아니라 가정 안에서 가족을 위한 최소한의 자유 노동마저 빼앗았다"는 마르크스의 주장을 옳게 제시한다.[43] 브라운은 자본이 어떻게 노동계급 가족의 중심까지 파고들어 가족 형태를 뒤흔들어 놓았는지 꿰뚫어보는 것 같지는 않지만, 그래도 마르크스의 중요한 통찰을 독자에게 제시한다.

자본주의 체제 안에서 종래 가족제도의 붕괴가 아무리 무섭고 메스껍게 보일지라도, 대공업은 가정 영역 밖에 있는 사회적으로 조직된 생산과정에서 여성, 미성년자, 남녀 아동에게 중요한 임무를 부여함으로써, 가족과 양성 관계의 더 높은 형태를 위한 새로운 경제적 토대를 창조하고 있다.[44]

"가정 영역 밖에 있는 사회적으로 조직된 생산과정에서 여성·미성년자·남녀 아동에게 중요한 임무를 부여"했다는[45] 마르크스의 주장은 좀 더 발전시켜 볼 만하다. 여기서 마르크스는 양성과 세대 사이의 관계 변화를 이야기한다. 노동계급의 일부가 된다는 것은 모든 노동자가 하나의 계급으로서 사회를 변혁하는 데 참여하고 역사의 주체로서 "낡은 오물"을 씻어 낼 수 있는 위치에 서게 된다는 뜻이다. 1917년 러시아 혁명에서 여성 노동자는 핵심적 구실을 했다. 2006년 이집트 방직 노동자 파업을 시작한 마할라 여성 노동자와 영국 공공 부문의 대다수를 이루는 여성 노동자 등 오늘날 여성 노동자가 하는 구실은 언제나 두드러진다. 전 세계 어느 곳에서도 여성 노동자들이 참여하지 않는 중요한 노동계급 투쟁이란 거의 찾아볼 수 없다.[46]

물론 노동자가 된다고 해서 자동으로 평등이 보장되는 것은 아니다. 그러나 노동자가 되면 여성이 어느 정도 경제적 독립을 이루면서 젠더 관계와 가족 관계의 형태가 바뀌는 등 여성의 삶에 커다란 변화가 일어난다는 것은 분명하다.[47] 나는 2013년에 영국의 상황에 관해 다음과 같이 썼다. "노동자로서 여성의 지위는 그동안 이룩한 많은 진보의 버팀목이었다. … 오늘날 관계를 맺는 사람들은 (이성 간이든 동성 간이든) 결혼하거나 동거할 수 있고 이별하거나 재혼할 수 있고 혼자 살 수도 있다."[48] 마르크스가 지적한 이런 변화의 잠재력이 완전히 실현된 것은 아니지만, 마르크스(와 엥겔스)가 여성은 노동자로서 사회적 비중을 차지하게 된다는 점을 강조한 것은 옳았다. 노동자가 됨으로써 여성은 전형적 성 역할에 도전할 자신감을 얻는다.[49]

전반적으로 브라운은 마르크스가 《자본론》에서 노동계급의 재생산을 분석한 내용을 올바르게 소개하고 마르크스 사상에 관한 많은 오해를 바로잡는다. 그래서 오히려 마르크스의 "자본주의적 재생산과 소비에 대한 논의가 특별히 자본주의적 가부장제의 본질을 이해하는 출발점(비록 아주 초보적 형태지만)이 될 수 있다"는 브라운의 주장이 더욱 괴이하게 들린다.[50] '가부장제' 개념은 브라운 자신이 거부했던 여성 차별에 대한 이중체계론을 떠올리게 한다. 마르크스주의가 여성 차별을 분석하는 데 유용하지 않다고 주장하는 사람들의 용어를 폐기 처분하지 않고 노동계급 재생산에 관한 마르크스주의적 분석을 발전시키는 것은 불가능하다. 비록 브라운 자신은 '가부장제' 개념을 버리지 않지만 그녀의 《자본론》 해석은 명백히 마르크스주의가 여성 차별을 분석하는 데 유용할 수 있다는 결론을 가리킨다.

마찬가지로 클라우디아 립이 주장한 "도덕주의적 개입"론,[51] 즉 마르크스가 "남/녀 이분법의 고착화를 위협하는 여성을 두려워"했다는[52] 주장에 브라운이 양보하는 것도 불쾌하다. 립이 쓴 "마르크스와 자본주의의 젠더화한 구조"는 마르크스의 일부 저작을 매우 편향적으로 분석한 논문으로서, 마르크스가 노동계급 여성에 대한 편견을 재생산하고 강화했으며 가부장제를 전혀 이해하지 못했다는 것이 주된 내용이다.[53] 물론 마르크스의 일부 저작에 빅토리아 시대의 잔재가 남아 있고 오늘날에는 상상하기 어려운 표현을 마르크스가 종종 사용한 것도 사실이다. 그렇지만 마르크스는 당시 공장, 광산, 산업 지역의 끔찍한 노동환경이 노동계급에게, 특히 여성과 아동에게 어떤 영향을 미쳤는지 온 힘을 다해 기록하고 고발했다. 또한 마르크스는 "미성년자를 단순한 잉여가치 생산 기계로 전락시킴으로써 만들어진 인위적인 지적 퇴보"에 분노했다.[54] 무엇보다 그는 여성 차별에 단호히 반대했고, 만인의 평등 위에 세워진 사회를 꿈꿨으며, 노동계급 여성이 변화를 위해 투쟁하는 것을 전적으로 지지했다. 브라운이 파리코뮌을 다룬 부분은 이 점을 분명히 보여 준다.

파리코뮌

1871년 4월* 파리코뮌이 세워졌을 때, 마르크스의 친구인 엘리자베스 드미트리에프는 제1인터내셔널 대표로 파견돼 주요 인물로 활약했다. 그의 임무는 인터내셔널 프랑스 지부의 여성 조직을 건설하는 것이었다.[55] 파리코뮌은 마르크스와 엥겔스가 노동자들은 자본주의 국가를 그대로 인수하는 데 그쳐서는 안 된다고 결론짓게 한 결정적 사건이었다. 또한 노동계급이 "스스로 해방을 이루기 위한" 기초인 민주적 국가를 세우려면 어떤 조처가 필요한지를 현실에서 보여 줬다.[56] 노동계급 여성이 파리

---

* 3월의 오타인 듯하다.

코뮌에서 투표권을 얻지 못한 것은 사실이지만 그들은 코뮌에 적극적으로 개입했고 코뮌이 시행한 일련의 조처들은 모두 여성의 처지를 실질적으로 개선했다. 부유한 여성들이 도시를 떠나자 "파리의 진정한 여성들"이 전면에 나섰다고 브라운은 말한다. "그들은 고대의 여성들처럼 영웅적이고 고결하고 헌신적이었다. 일하고 생각하고 투쟁하고 피 흘리던 파리는 (새로운 사회를 준비하는 데 몰두한 나머지 식인귀들이 문 앞에 와 있는 것도 잊은 채) 역사를 선동하는 열정으로 빛나고 있었다."[57]

베르사유에서 출발한 프랑스 정부군이 코뮌을 잔인하게 진압할 때, 선동가들이라는 이름을 얻기도 한 코뮌 여성들은 코뮌을 방어하며 최후의 순간까지 싸웠다. 반면 정부군과 함께 파리에 재입성한 부르주아 여성들은 코뮌 지지자들을 가장 악랄하게 다룬 사람들에 속했다. 남성뿐 아니라 여성의 행동도 계급에 따라 달라진다는 것을 보여 주는 예다. 안타깝게도 브라운은 이 점을 지적하지 않는다. 보수 논객들이 특히 코뮌 여성들의 행동을 문명 규범에 반하는 짓이라며 비난한 반면, 마르크스는 "파리의 여성들은 바리케이드와 처형장에서 기꺼이 자신의 목숨을 바쳤다"며 여성들의 [혁명적] 역할과 코뮌[의 정당성]을 단호히 옹호했다.[58]

여성 차별은 계급사회에 그 뿌리를 두고 있지만 여성의 삶은 차별과 계급 모두에 의해 형성된다. 마르크스는 지배계급 여성이자 영국 보수당 정치인의 아내였던 레이디 로지나 블워 리튼을 편들었는데, [1836년] 남편의 부정을 이유로 이혼한 레이디 블워 리튼은 [1858년에] 남편의 정치생명을 끝장낼 수 있는 비난을 퍼붓기 시작했다.[59] 그러자 미친 여자로 몰려 정신병원에 갇히는 보복을 당했다. 마르크스는 정신병원에서 가혹한 대우를 받았든 '정당한' 대우를 받았든 정신병원에 갇혔다는 사실만으로 미친 사람으로 취급될 수 있다고 지적하면서, 언론이 부당한 현실을 고발하지는 못할망정 한 사람을 순식간에 미친 사람으로 몰아갔다고 비판했다. 아마 더 중요한 사실은 마르크스가 레이디 블워 리튼의 행동이 꽤 합리적이라고 주장했다는 점일 것이다.[60]

마르크스와 그의 지지자들은 여성 문제를 프랑스 노동당의 혁명 강령에 포함시켰다. 강령의 첫 부분은 마르크스가 썼고, 둘째 부분은 쥘 게드와 마르크스가 함께 작성했고, 마르크스의 사위인 폴 라파르그와 엥겔스가 강령 작성을 도왔다. 강령 전문은 다음과 같은 분명한 선언으로 시작한다. "생산자 계급의 해방은 성별과 인종 구분 없이 모든 인간을 해방하는 것이다."[61] 브라운은 강령의 정치 부분이 "자본가보다 노동자를, 남성보다 여성을 열등한 존재 취급하는" 나폴레옹 법전의 모든 조항을 없앨 것을 명백히 요구한다고 지적한다. 또, 주 6일 근무와 하루 8시간 노동 요구도 모두 여성의 삶에 큰 영향을 미쳤겠지만, 그

중 "남녀 노동자의 동일노동 동일임금"[62] 요구는 명백히 여성을 염두에 둔 것이었다.

놀랍게도 브라운은 여섯째 요구, 즉 "모든 아동은 과학적·전 문적 교육을 받아야 하고, 국가와 코뮌으로 대표되는 사회가 이런 교육을 지속하고 책임져야 한다"는 요구의 중요성을 놓친다. 일곱째 요구, 즉 "노인과 장애인을 사회가 책임져야 한다"는 요구는 노동계급 가족, 특히 노동계급 여성의 부담을 훨씬 덜어 주었을(그리고 지금도 덜어 줄) 것이다. 여섯째와 일곱째 요구는 사적 가족이 떠맡고 있는 부담과 가족의 사회화 문제에 대한 [마르크스의] 통찰을 잘 보여 준다. 그런데도 브라운은 마르크스(와 아마도 그의 지지자)가 여성 관련 요구를 강령에 포함시킨 부분적 이유는 여성 차별적 태도가 심각했던 피에르-조제프 프루동의 지지자를 배제하기 위해서였다는 근거 없는 추측을 한다.[63]

마르크스와 엥겔스

엥겔스에 관한 브라운의 견해는 이 책의 가장 미흡한 부분이다. 마르크스와 엥겔스가 《공산당 선언》의 기초로 삼은 엥겔스의 《공산주의 원리》와 《공산당 선언》을 비교하며 브라운은 가족의 변화에 관한 엥겔스의 주장을 문제 삼는다.《공산주의 원리》에서 엥겔스는 다음과 같이 쓴다.

> 남녀 관계는 사회가 간섭할 필요가 없는 당사자 사이의 관계, 즉 순전히 사적인 문제가 될 것이다. 이는 사유재산을 폐지하고 아이들을 공동으로 교육한다면 가능하다. 사유재산을 매개로 지금까지 결혼의 토대가 되어 온 두 가지, 즉 아내가 남편에게 종속되고 자녀가 부모에게 종속되는 일이 사라질 것이다.[64]

브라운은 엥겔스의 주장을 다음과 같이 해석한다.

> 적어도 두 가지 점에서 이 주장은 잘못됐다. 첫째, 경제적 종속이 사회에서 여성의 지위를 이해하는 데 중요한 변수라는 엥겔스의 지적은 옳지만 경제적 종속을 유일한 요인으로 볼 수 없다. 가부장제는 사유재산 없이 존재할 수 있다. 재산이 거의 없는 노동계급 가족이 그 명백한 사례다. 또한 소련과 중국처럼 생산수단을 국가가 소유한 사회와 사유재산이 충분히 발전하지 못했던 고대 그리스와 로마 같은 사회에서도 여성은 분명히 남성에게 억압받았다.[65]

마르크스는 다음과 같이 유명한 말을 남겼다. "죽은 세대의 전통이 악몽처럼 산 자의 머리를 짓누른다." 여기서 브라운의 머리를 짓누르고 있는 악몽은 사회주의 문제를 소유관계 문제로 환원해 소련과 1989년 이전 동유럽, 쿠바, 중국 등을 노동자 국가로 규정한 다양한 사상적 유산이다. 니킬라 긴스버그가 썼듯이 "토니 클리프의 국가자본주의 이론 덕분에 국제사회주의IS 전통은 사회주의 사회에서 어떻게 여성 차별이 존재하는지 쉽게 설명할 수 있는데, 그것은 [사회주의 사회에서는] 여성 차별이 존재할 수 없다는 것이다."[66] 그렇다면 여성 차별이 존재하는 사회주의 국가는 뭐란 말인가? 이 국가들은 사회주의 사회가 아니다. 소련에서 국가는 자본가계급 구실을 하면서 노동계급을 착취했다. 이 때문에 소련의 노동계급 가족은 다른 자본주의 사회의 가족과 똑같은 구실을 했다. 더욱이 사회주의 사회로 불린 다른 나라들에서는 노동계급이 권력을 장악한 사회주의 혁명이 아예 일어나지도 않았다.

브라운의 실수는 이런 사회에서 노동자가 생산수단과 맺는 진짜 관계를 보지 않는다는 것이다. 브라운 자신이 언급한 프랑스 노동당 강령에 다음과 같이 쓰여 있다. "생산자들은 오직 생산수단을 소유했을 때 자유로워질 수 있다. … 이런 집단적 소유는 독자적 정당으로 조직된 생산자 계급, 즉 프롤레타리아의 혁명적 행위를 통해서만 가능하다."[67] 그러므로 사유재산에 관한 엥겔스와 마르크스의 주장을 다룰 때는 꼭 계급 관계를 함께 살펴봐야 한다. 또 다른 논점은 [브라운의 책에서] 아무 설명없이 등장하는 '가부장제' 개념이다.

브라운은 남녀 관계가 "순전히 사적인 문제"가 될 것이라는 엥겔스의 견해를 비판한다. 브라운은 "사적인 문제"를 "사적인 영역"으로 바꾼 뒤 다음과 같이 주장한다. "남편과 아내의 관계는 사적인 영역에 존재할 것이다. 이는 여성이 가정에 계속 머물거나 더 공동체적인 사회에서도 몇몇 여성은 가정에 남아서 집안일을 해야 한다는 뜻인 것 같다."[68] 그러고는 여성 차별을 정교하게 이해한 마르크스와 "경제적 요인"만을 중시한 엥겔스를 대비시킨다.[69] 엥겔스가 "문제"가 아닌 "영역"을 의미했다는 식의 불합리한 추론이 마구 등장한다. 그러나 알고 보면 브라운이 비판한 엥겔스의 주장은 《기원》에서 되풀이되는데, 엥겔스가 쓴 가장 설득력 있는 구절 중 하나를 보면 그가 여성 차별에 얼마나 많은 관심을 보였는지 잘 알 수 있고, 브라운의 해석이 잘못됐음은 의심의 여지가 없다.

자본주의 생산이 전복된 뒤 성의 관계가 어떻게 형성될지에 대해 우리가 짐작할 수 있는 것은 부정적 측면, 즉 주로 사라지게 될 측면이다. 그렇다면 새롭게 등장하는 것은 무엇일까? 새로운 세대가 자라면 그 답을 알 수 있을 것이다. 새로운 세대의 남성은 평생토록 여성의 굴종을 돈으로 사거나 다른 사회적 권력을 이용해 여성을 굴복시킨다는 것이 어떤 것인지 전혀 모를 것이다. 새로운 세대의 여성은 진정한 사랑 말고 다른 이유로 남자에게 자신을 허락한다는 것이 어떤 것인지 전혀 모를 것이고 또한 경제적 불이익이 두려워서 사랑하는 사람과 헤어진다는 것이 어떤 것인지도 전혀 모를 것이다. 이런 새로운 세대가 사는 사회에서는 오늘날 누구나 당연하게 여기는 규범을 조금도 신경 쓰지 않을 것이고, 사람들은 독립적으로 행동하고 개별 행동에 관한 여론을 스스로 조성할 것이다. 이것이 다일 것이다.[70]

이렇게 엥겔스는 개인적 관계의 동학을 매우 꼼꼼히 살폈을 뿐 아니라, 공장 생산이 남성과 여성에게 어떤 영향을 미쳤고 성 역할을 어떻게 변화시켰는지도 주의 깊게 관찰했다. 1844년 (엥겔스가 불과 24세의 나이에 펴낸)《영국 노동계급의 상태》는 남성과 여성의 역할이 뒤바뀐 다양한 사례를 포함하고 있으며, 이런 사례를 변증법적으로 분석한 엥겔스는 다음과 같이 결론 내렸다.

남성과 여성의 지위가 완전히 뒤집히는 일은 양성이 처음부터 잘못된 관계에 있었을 때만 가능함을 인정해야 한다. 공장 시스템으로 아내가 남편보다 우세해진 것이 비인간적일 만큼 지독한 일이라면, 전에 남편이 아내보다 우세했던 것도 마찬가지다.[71]

브라운의 책에는 엥겔스의 《기원》과 마르크스의 《민속학 노트》를 비교하는 부분이 있다. 마르크스의 《민속학 노트》는 1877년 헨리 모건이 런던에서 출간한 《고대사회》를 (다른 어떤 책보다) 광범하게 인용했다. 마르크스가 죽은 뒤 엥겔스는 《기원》을 썼다. 엥겔스가 이 책을 쓴 이유는 아우구스트 베벨의 책 《여성: 과거, 현재 그리고 미래》에 나오는, 여성 차별의 기원에 관한 견해를 반박하기 위해서였다. 베벨은 다음과 같이 썼다. "남성의 마음에서 여성을 영원히 소유하고픈 욕망이 처음 자라게 된 것은 분명히 여성이 적거나 특정한 어느 여성에 대한 동경 때문이었을 것이다. 이른바 남성 이기주의가 깨어난 것이다. 한 남성이 다른 남성의 동의 여부와 관계없이 어느 여성을 소유해 버리자 다른 남성도 이를 따르기 시작했다."[72] 이런 관점은 여성 차별을 오로지 남성의 욕망 때문으로만 설명한다. 《기원》은 이런 인간 본성론의 함정을 벗어날 출구를 제시한다는 점에서 중요하다.[73]

사실 《기원》에 대한 브라운의 비판은 라야 두나옙스카야의 비판과 비슷하다.[74] 특히 엥겔스의 책이 마르크스의 《민속학 노트》와 다르며, 마르크스는 "단지 여성 차별뿐 아니라 차별 일반의 요소가 원시공산제 사회 안에서 생겨났다는 것을 보여 줬고"[75] (엥겔스가 이야기한) "여성의 세계사적 패배"라는 문구를 마르크스는 결코 사용하지 않았다는[76] 주장이 그렇다. 브라운은 또

한 엥겔스가 계급 발생 이전 사회를 이상화해서 바라본다고 생각한다.[77]

첫 번째 주장에 대해 답변하자면, 《기원》을 쓰는 과정에서 엥겔스는 "주제에 맞는 내용인 경우에 한해" 마르크스의 노트를 사용했으며, 모건의 책에 대한 자신의 해석과 고대 그리스, 로마, 켈트족과 게르만족에 대한 자신의 지식을 활용했다.[78] 엥겔스가 인류학과 고고학의 최신 동향을 따라잡고자 매우 의식적으로 노력했다는 점은 제4판 서문에서 분명히 드러난다.[79] 오늘날 마르크스주의자 가운데 여성 차별을 설명하기 위해 《기원》이나 마르크스의 《민속학 노트》에 나온 자료를 활용할 사람은 아마 없을 것이다. 이후 훨씬 많은 인류학과 고고학 증거자료가 새롭게 발굴됐고, 엥겔스의 책과 마르크스의 노트에 사용된 자료는 대부분 시대에 뒤처졌기 때문이다. 브라운은 가족과 차별이 없는 시대가 있었다는 엥겔스의 주장을 뒷받침할 충분한 증거자료가 없다고 생각한다.[80] 오늘날 마르크스주의자에게 인류 역사상 여성 차별이 존재하지 않은 시기가 있었는지 없었는지는 (마르크스가 뭐라고 생각했든 특정 문구를 사용했든 안 했든) 매우 중요한 문제다.

엥겔스는 자신과 마르크스의 역사관을 선사시대에도 적용할 수 있다는 것을 증명하려 했다. 다시 말해, 첫째로 생존을 위해 인간이 자연과 상호작용하는 방식은 인간 사이의 관계를 가장 잘 드러내며 둘째로 생존을 위해 인간이 자연과 상호작용하는 방식(생산력)의 변화는 생산관계의 변화를 가져온다는 것이다. 이런 관점에서, 엥겔스가 모건한테서 빌려 온 인간 발달의 세 가지 주요 단계를 추적할 수 있다. '야만', 즉 이른바 수렵·채집 사회와 '미개', 즉 원예농업 사회와 완전히 발전한 농업 사회(이후 도시 사회로 발전했다)가 그것이다. 또한 엥겔스는 가족이 고정된 제도가 아니라 사회 자체의 변화에 따라 끊임없이 변화하는 제도임을 보여 주고자 했다.[81] 비교적 최근에 나온 연구 결과와 역사 기록을 살펴보면,[82] 첫째 단계인 수렵·채집 사회만이 계급으로 분화하지 않은 평등 사회였고, 아이들을 공동체 전체가 돌보는 등 가족이 존재하지 않은 사회였다. 공동체 위에 군림하는 '공권력', 즉 국가 또한 존재하지 않았다. 이런 공동체에서 성별 분업은 남성과 여성의 불평등을 일으키지 않았다.

당시 마르크스와 엥겔스가 수렵·채집 사회에 관한 자료를 구하는 것은 불가능했다. 모건의 책은 원예농업 사회에 관한 것이었으므로 엥겔스는 수렵·채집 사회에 대해 추측할 수밖에 없었다.[83] 그렇지만 엥겔스가 남성과 여성의 진화 과정에서 평등한 시기가 있었다고 상정한 것은 근본적으로 옳았다.[84] 엥겔스는 《자본론》 1권에서 마르크스도 견해가 바뀌었다고 지적하는 흥미로운 주석을 달았다.

그 후 인류의 원시 상태에 관한 매우 면밀한 연구를 통해, 마르크스는 다음과 같은 결론에 도달했다. 본래 가족이 종족으로 발전한 것이 아니라, 반대로 종족이 혈연관계에 기반을 두는 인간 집단의 본원적이고 자연발생적 형태였으며, 종족의 결속이 느슨해지기 시작한 이후에 비로소 여러 가족 형태가 발전했다.[85]

더욱이, 변증법적 사상가인 엥겔스는 시간이 흐르면서 생산력의 조그만 변화로 인해 원예농업 사회에 존재하던 씨족 공동체의 평등한 관계가 점차 허물어지면서 계급이 출현할 수 있다고 생각했다.

그런데 혈연적 유대에 기초한 이 사회구조[이른바 씨족사회] 속에서도 노동생산성은 계속 증대된다. 이와 함께 사유재산과 그 교환, 빈부의 차이, 타인의 노동력에 대한 이용 가능성이 생기며, 따라서 계급 적대의 기초가 점차 형성된다. 새로운 사회적 요소는 여러 세대를 거치는 동안에 낡은 사회제도를 새로운 조건에 적응시키려 하며, 결국 이 둘이 양립할 수 없게 되면 완전한 변혁이 일어나게 된다. 혈통에 기초한 낡은 사회는 새로 발전한 사회 계급들 간의 충돌로 말미암아 붕괴된다.[86]

엥겔스는 이어 계급사회가 가족제도를 완전히 지배하고 국가와 계급투쟁이 등장하는 과정에 대해 이야기한다.[87] 이렇게 말한다고 해서, 완전한 계급사회로 발전하는 과정에서 저항이 일어났을 가능성을 배제하는 것은 아니다.[88] 그러나 브라운이 (모건과 엥겔스가 말한 인간 사회의 진화 단계를 입증하는) 수렵·채집 사회에 대한 자료가 충분히 설득적이라고 생각하지 않는다면, 계급사회, 일부일처제 가족, 국가의 등장이 중요하다는 점에 대해서도 동의하지 않을 것이다. 당연히, 씨족 관계의 완전한 붕괴를 여성의 패배라고 부른 엥겔스의 생각이 꽤나 옳았다는 점에 대해서도 마찬가지일 것이다. 안타깝게도 브라운처럼 결론을 내리게 되면 마르크스주의자는 여성 차별의 기원을 전혀 설명할 수 없게 된다.

결론

브라운의 책을 읽을수록 좌절감이 드는 이유는, 지은이가 오늘날 여성 차별을 이해하기 위한 이론적 기초로서 마르크스의 글을 분석하려는 좋은 의도로 책을 썼지만 중요한 쟁점에 대해 계속 얼버무리기 때문이다. 브라운이 가부장제, 계급의 구실, 엥겔스에 관한 자신의 견해 때문에 마르크스의 주장을 일관되게 해석하지 못한 것은 슬픈 일이다. 브라운은 인간 본성이 사회적·역사적으로 형성되는 과정을 잘 서술했지만, 이 점을 엥겔스의 통찰, 즉 공장 생활이 성 역할에 미친 영향 등 구체적 사회 분석으로 남성과 여성의 행동 변화를 설명하려 한 것과 연결시키지는 못했다. 마찬가지로, 새로운 사회를 건설하려면 남녀 노동자가 투쟁을 통해 바뀌어야 하고 바뀔 수밖에 없다는 마르크스와 엥겔스의 주장을 인간 본성 문제와 연결시키는 데에도 실패한다. 또, 브라운은 노동력 재생산을 마르크스의 생산양식 분석에서 핵심이라고 설명했지만 이에 관한 마르크스의 여러 통찰을 종합해 오늘날 가족과 가족 안에서 여성이 하는 구실을 분석하는 데 필요한 이론적 기초를 세우지는 못했다. 생산양식이 재생산 영역을 규정한다는 마르크스의 생각과, 젠더와 계급이 동등한 지위를 지닌다는 자신의 믿음 사이에서 머뭇거리며 망설인다. 브라운이 여성 차별의 기원에 관한 엥겔스의 설명을 일축한 것은 자본주의의 혁명적 전복만이 가족의 기능을 사회화하고 여성 차별을 끝장내기 위한 기초를 놓을 수 있다고 믿는 이들에게 설득력 있게 들리지 않는다. 그렇지만 브라운의 책은 마르크스의 책을 읽는 독자들에게 안내서 구실을 하고 있으며, 이 책을 계기로 마르크스의 원전에 더 많은 사람들이 관심을 갖기 바란다. 마르크스의 저작에서 우리가 여성 차별을 풍부하게 이해하는 데 도움이 될 것을 많이 발견할 수 있기 때문이다.

성폭력, 포르노, 자본주의

1 S Brownmiller, *Against our Will*(Harmondsworth, 1976), pp 13~14.

2 같은 책, pp 14~15.

3 이것은 부분적으로 경찰의 태도 때문이지만 주된 이유는 강간의 일반적인 특징, 즉 피해자가 가해자를 알고 있다는 사실에서 비롯한다.

4 London Rape Crisis Centre, *Sexual Violence: The reality for women*(London, 1984), p 5.

5 같은 책, 서문.

6 K Livingstone, *The Independent*(2 September 1989).

7 D Russell, Sexual Exploitation(London, 1984), S Ageton, Sexual Assault Amongst Adolescents(Lexington Massachusetts, 1985), R Warshaw, *I Never Called it Rape*(Ms Report, New York, 1988)[국역: 《그것은 썸도 데이트도 섹스도 아니다》, 미디어일다, 2015], S Katz, M A Mazur, *Review of Rape Literature*(1979), D Russell, R Hall, *Ask Any Woman*(Bristol, 1985)을 보시오.

8 E Wilson, *What is to be Done About Violence Against Women*(London, 1983), p 162에서 인용.

9 E Burke Leacock, *Myths of Male Dominance*(London, 1981).

10 C Turnbull, *The Wayward Servant*(London, 1966).

11 E Blackwood, *Sexuality and Gender in Certain Native American Tribes: the Case of Cross-Gender Females*(Signs 10, 1985), pp 27~42.

12 페미니스트는 종종 여성이 폭력에 노출된 특정 수렵·채집 사회를 언급하지만 그 공동체와 주변 사회의 관계는 살펴보지 않는다. 식민주의와 시장은 평등한 관계를 파괴했다. 수렵·채집 공동체가 매우 폭력적일 수 있음을 보여 주는 예로 자주 언급되는 브라질과 베네수엘라의 야노마모족은 실제로는 그 주장을 뒷받침하지 못한다. 개인 사이에 벌어지는 폭력이 끔찍해 보이지만 야노마모족이 그 지역에서 스페인에 정복되지 않은 유일한 공동체라는 사실을 기억해야 한다. 외부에서 가해진 전쟁의 충격과 식량 부족이 오늘날 그 공동체에서 폭력이 나타나는 이유다. 오히려 야노마모족의 사례는 인간 사회에 나타나는 폭력의 또 다른 중요한 특징을 보여 주는 사례에 더 가깝다. 즉, 여성에 대한 폭력이 있는 사회에서는 지배권을 차지하기 위해 남성이 다른 남성에게도 폭력을 가한다는 것이다. 이 주장을 더 자세히 알고 싶으면 앞에서 인용한 E Leacock의 저작이나 P Sanday, *Female Power and Male Dominance*(Cambridge, 1981)를 보시오.

13 R Rohrlich, "The State Formation in Sumer and the Subjugation of Women", *Feminist Studies*(Spring 1980).

14 같은 글, p 97.

15 같은 글, p 97.

16 S Brownmiller, 앞의 책, p 18.

17 P Sanday, 앞의 책, p 15.

18 같은 책, p 11.

19 S R Sanday, E Tobach, *Violence Against Women, A Critique of the Sociobiology of Women*(New York, 1985), p 49에서 인용.

20 C Harman, *Socialist Review* 68(September 1984), p 15.

21 자본주의의 발전이 가족의 변화에 미친 영향에 대한 자세한 설명은 L German, *Sex, Class and Socialism*(London, 1989)[국역: 《여성과

마르크스주의》, 책갈피, 2007]를 보시오.

22 J Weeks, Sex, *Society and Politics*(London, 1989), J R Gillis, *For Better, For Worse, British Marriages 1600 to the Present*(Oxford, 1985), A Clark, *Women's Silence, Men's Violence*(London, 1987)을 보시오.

23 1929년 미국에서 가정용품의 80퍼센트는 여성이 샀다. E Stuart, *Captains of Consciousness*(New York, 1976), p 167[국역: 《광고와 대중소비문화》, 나남, 1998].

24 같은 책, p 178.

25 Central Statistical Office, *Social Trends*(London, 1988), p 47.

26 같은 책, 1989, p 41.

27 Social and Community Planning Research, *British Social Attitudes* (Aldershot, 1988), p 36.

28 Central Statistical Office, 앞의 책, p 47.

29 같은 책, p 39.

30 1948년에 부부 상담 운동의 한 주도적 인물은 "남편과 아내가 모두 오르가슴을 느끼도록 서로 맞추어 나가는 게 좋다. 특히 동시에 오르가슴을 느끼는게 바람직하다"고 말했다. 그 당시에 부부상담위원회는 《젊은 아내 대하는 법》이라는 소책자를 발간해 큰 인기를 끌었는데, 이 소책자는 남성의 성적 기교가 여성을 만족시키는 데 필수적이라고 주장했다.

31 S Hite, *Women and Love*(London, 1989), p x x x iv. 초기 여성운동 내 논쟁은 여성의 성에 대한 타당한 통찰을 제공하고 성관계에서 여성은 남성의 수동적 대상이 아니라 주체라고 제기했지만 여성 차별의 근원을 둘러싼 정치적 논쟁에서는 혼란에 빠졌다. 급진주의 페미니즘이 우세해지면서 정치적 레즈비언주의가 유행했고 더 나아가 남성과 하는 모든 성행위를 "적과의 동침"이라고 봤다. [남녀] 상호 관계에 대한 논의는 남성과 성관계를 하지 말아야 한다는 주장으로 대체됐다.

32 여성 잡지 *19*나 *MISS*를 보시오.

33 M Schofield, *The Sexual Behaviour of Young Adults*(London, 1973), p 164, 169.

34 J Gathorne-Hardy, *Love, Sex, Marriage and Divorce*(London, 1981), p 327에서 인용한 Gorer의 통계.

35 M Schofield, 앞의 책, p 23.

36 같은 책, p 26.

37 같은 책, p 167.

38 같은 책, p 162.

39 이 글을 쓰면서 강간의 여러 유형을 이해하고자 많은 자료(후주 7번을 보시오)를 검토했다. 이 과정에서 알게 된 문제를 공유하는 게 좋을 듯하다. 첫째, 대부분의 연구는 강간의 문제를 대다수의 성경험과 분리해서 바라보기 때문에 일면적이다. 둘째, 조사의 기준이 크게 다르다. 러셀의 표본 집단은 샌프란시스코에서 적당히 뽑은 여성 1000명이다. 국립범죄연구소는 확실히 전국적이기 때문에 조사 범위가 훨씬 광범하다. 홀의 연구는 (런던의 특정 지역에서) 무작위로 사람들에게 설문지를 나눠 주고 되돌아오는 것을 근거로 삼았다. 따라서 그 자료는 런던 여성을 적절히 대변한다고 할 수 없다. 《미즈》는 학생을 대상으로 조사했다. 하이트도 표본을 직접 골랐지만, 1만 5000명 중에서 4500명을 표본으로 택해 미국의 인구 분포와 비슷하게 만들었다. 하이트의 연구의 장점은 여성의 인간관계를 총체적으로 바라보고 인간관계가 생물학적 요인보다는 문화적 요인에 따라 형성된다는 관점에서 출발한다는 것이다. 비슷한 방식으로 남성을 조사한 그녀의 연구가 없다는 게 아쉽다. 거의 모든 연구에서 나타난 주요 정치적 문제점은 연구자 자신이 강간을 계급과 무관하다고 가정하는 것이었다. 가부장제 이론(여성에 대한 남성의 지배는 계급사회와 무관하다고 여긴다)이 만연해서 연구자는 강간과 계급이 무관하다는 것을 증명하려 하거나 아예 이 문제를 밝혀내려는 시도조차 하지 않는다(그중 예외는 1960년대와 1970년대 초의 영국을 조사한 쇼필드의 연구다. 애지턴의 연구도 부분적으로는 그렇다). 계급을 어떻게 정의하는지에 대한 문제도 있다.

자료가 일면적이고 만족스럽지 않은데 왜 그 자료를 이용했는지 의문이

생길 것이다. 다른 자료가 없다는 것이 하나의 이유이고, 다른 이유는 연구의 한계에도 불구하고 어떤 주제는 반복해서 등장하기 때문이다. 그러므로 이런 조사를 바탕으로 사회를 합리적으로 분석하는 데 보탬이 되는 하나의 패턴을 발견할 수 있다. 자료에 있는 통계는 절대적인 것이 아니라 지표로 받아들여야 한다.

마지막으로 대다수 연구는 미국에서 진행한 조사를 토대로 한다. 미국과 영국은 비슷한 점(두 국가 모두 선진 자본주의 국가다)이 상당히 많지만 차이점도 있고 이런 차이점이 강간의 발생률과 관련 있을 수도 있다. 그렇지만 이것을 입증할 수 없다. 예컨대, 미국의 대학생은 영국의 대학생보다 사회와 분리돼 대학 생활을 하는 경향이 더 크고, 미국의 대학에는 사교 클럽 중심의 문화가 강하다(영국에서는 럭비 클럽이 대학 생활에 많은 영향을 미치는 게 이와 비슷한 사례일 듯하다). 미국 캠퍼스에서 강간 발생률이 높은 것은 이런 요인의 영향도 있을 것이다. 미국과 영국의 또 다른 차이점은 영국의 노동조합 조직률이 남녀 모두 훨씬 높은 데다 영국에는 노동당도 존재한다는 것이다. 노동조합과 노동당(적어도 개념상으로는 평등에 바탕을 둔다)이 분명 한계가 있지만 사회·정치적 목표를 추구하는 남녀의 집단적 조직 경험이 남성과 여성의 '사회화' 과정에 영향을 준다. 사회주의 페미니스트들이 노조와 노동당 안에서 여성의 평등권과 여성에 대한 폭력 문제를 제기하고 논쟁을 벌였다는 사실은 적어도 꽤 평범한 사람들이 이 문제를 진지하게 논의했음을 보여 준다. 남성이 대다수인 소방관노조FBU와 여성이 대다수인 중앙·지방정부노동조합NALGO같이 이질적인 노조에 여성 노동자의 불만을 다루는 기구가 있다는 사실은 남성이 여성에게 할 수 있는 행동의 기준을 세우는 데 기여할 것이다. 그렇지만 이 점 또한 입증할 수 없다.

지난 10년 동안 미국과 영국 모두 크게 우경화했지만 중요한 차이점이 있다. 영국에서는 '도덕적 다수파' 같은 [우파] 운동이 강력하지 않고 종교적 근본주의의 영향도 없다. 가족에 대한 강경한 견해, 남성과 여성은 선천적으로 다르다는 확고한 믿음, 종교적 사상 등이 모두 여성과 성에 대한 태도에 영향을 준다. 종교적 견해는 성에 대한 "금욕적 태도"를 낳는 경향이 있다. 그러나 지난 10년의 영향은 모순적인데, 현실에서 여성의 삶이 변했기 때문이다. 다시 말해, 여성이 집 밖에서 일하는 것이 경제에서 고정불변한 특징이 됐다. 미국과 영국의 대다수 사람들은 여성의 임신중절권이나 혼전 성관계 등을 인정한다. 반면 지난 6년 동안 동성애에 대한 편견은 훨씬 더 커졌다. 한 자료(후주 27)에 따르면 혼전 성관계나 동성애에 대한 미국 사회의 태도는 영국 사회보다 더 엄격한 듯하다. 그러나 이 자료는 1970년대 초 이후 성에 대한 자유주의적 태도가 사회 전반에서 꾸준히 확산돼 왔음도 보여 준다.

40 R Hall, 앞의 책, p 69.

41 Russell, 앞의 책, p 60.

42 후주 7에 언급된 모든 연구서가 그렇게 지적한다. 러셀도 카츠와 머주어를 인용해 "가장 위험한 나이는 청소년기(13~17세)와 성년 초기(18~24세)"라고 썼다(앞의 책, p 79). 러셀은 또한 미국 연방 정부가 1969년에 발간한 《폭력 범죄에 대한 보고서》에서 D Mulvihill, M Tumin, L Curtis가 제시한 통계를 인용해 성폭력의 47퍼센트는 17세 이하에서, 29퍼센트는 18세에서 25세 사이에서, 24퍼센트는 26세 이상에서 일어난다고 썼다(p 79).

43 S Ageton, 앞의 책.

44 같은 책, p 25.

45 같은 책, p 39.

46 같은 책, p 43.

47 같은 책, p 43.

48 같은 책, p 50.

49 같은 책, p 53.

50 같은 책, p 50.

51 같은 책, p 99.

52 같은 책, p 98.

53 같은 책, p 40.

54 같은 책, p 16.

55 R Warshaw, 앞의 책.

56 같은 책, p 90.

57 같은 책, p 84.

58 같은 책, p 63.

59 후주 38을 보시오.

60 부부 강간은 가족 제도 때문에 다른 계급사회에서도 분명히 발생했다. 이 글에서는 자본주의 사회에서 발생하는 전쟁 중의 강간을 비롯해 다른 계급사회에서도 발생하는 여러 다른 종류의 강간을 규명하려는 것은 아니라는 점을 밝힌다.

61 P Smith, *New Stateman*(7 July 1989), p 11.

62 R Hall, 앞의 책, p 90.

63 D Russell, 앞의 책, p 61.

64 R Hall, 앞의 책, p 94.

65 같은 책, p 91.

66 같은 책, p 93~98.

67 J R Schwendinger, H Schwendinger, *Rape and Inequality*(California, 1983), p 217에서 인용.

68 1989년 9월 25일에 방영된 TV 프로그램 〈월드 인 액션〉은 부부 강간을 다뤘고 미들섹스폴리테크닉의 범죄 센터가 여성 1000명을 대상으로 행한 설문 조사를 토대로 이렇게 결론 내렸다.

69 J R Schwendinger, H Schwendinger, 앞의 책, p 213에서 인용.

70 F Engels, *The Condition of the Working Class in England*(London, 1974), p 160[국역: 《영국 노동계급의 상황》, 라티오, 2014].

71 D Farrington, Cambridge Institute of Criminology, S Helms, "Delinquency Study Links Crime with Deprivation", *Independent*(20 July 1989)에서 인용.

72 Russell, 앞의 책, p 85에서 인용.

73 같은 책, p 85.

74 S Ageton, 앞의 책, p 122.

75 R Hall, 앞의 책, p 49.

76 같은 책, 2장.

77 J R Schwendinger, H Schwendinger, 앞의 책, p 215.

78 S Brownmiller, 앞의 책, p 394.

79 A Dworkin, interview in *Spare Rib*(London, June 1986), p 40.

80 A Dworkin, interview in *Feminist Review*(London), No 11, June 1982, p 25.

81 S Brownmiller, 앞의 책, p 15.

82 "포르노란 남성의 성적 자극을 위해 이뤄지는 여성에 대한 모든 종류의 시각적·언어적 모욕을 포함한다. 이것은 〈선〉 3면의 여성 알몸 사진, 여성을 채찍질하는 영화, 광고나 오락물에서 경제적 이득을 얻기 위해 여성을 이용하거나 수치스럽게 만드는 것 등 다양하다." statement from 'Leeds Sexual Violence Against Women Conference' in November 1980, *Women against Violence against Women*, eds. D Rhodes and S McNeil, p 13.

83 J Gathorne-Hardy, 앞의 책, p 325.

84 같은 책, p 324.

85 같은 책, p 325.

86 L D Scanzoni and J Scanzoni, *Man, Women and Change*(London, 1981), p 111.

87 같은 책, p 110.

88 M Schofield, 앞의 책(1965) p 103, (1973) p 176.

89 S Hite, 앞의 책, pp 5~15. 릴리언 루빈도 비슷한 지적을 했는데 특히 노동계급 남성이 마음을 닫는 경향이 있다고 주장한다, T Cliff, *Class Struggle and Women's Liberation*(London, 1984)[국역: 《여성해방과 혁명》, 책갈피, 2008]에서 인용.

90 S Hite, 앞의 책, pp 45~73.

91 D Hebditch, N Anning, *Porn Gold*(London, 1988), p 1.

92 HMO, *Social Trands* 19(London, 1989), p 24.

93 같은 책, p 164.

94 D Hebditch, N Anning, 앞의 책, p 367, 371.

95 같은 책, p 372.

96 E Donnerstein, D Linz and S Pernod, *The Question of Pornography*(New York, 1987), p 30.

97 같은 책, p 133.

98 같은 책, p 83.

99 같은 책. 이 실험에 대한 전체적인 개요는 제3장, p 38을 보시오.

100 같은 책, p 96.

101 같은 책, p 102.

102 P Smith, 앞의 책, p 14.

103 나라마다 알몸에 대한 태도가 각양각색이라는 점을 볼 때 이것은 명백하다.

104 최근에 많은 사회주의 페미니스트는 포르노와 성폭력에 대한 급진주의 페미니즘의 견해에 도전했다. L Segal, "Beauty and beast Ⅰ : Sex and violence", *Is the future female?*(London, 1987)은 유용하다. M Benn, "Adventures in the Soho skin trade", *New Statesman*(11 December 1987), E Wilson, *What is to be Done About Violence Against Women*(Harmondsworth, 1983)을 보시오.

성매매 논쟁: 성, 소외, 자본주의

1 Pritchard, 2010.

2 Dale and Rose, 2010a.

3 Edwards, 2010.

4 Dale and Rose, 2010b.

5 Prichard, 2010, p 161.

6 Dale and Rose, 2010a, pp 2~3.

7 Dale and Rose, 2010a, p 3.

8 Pritchard, 2010, p 171.

9 Dale and Rose, 2010a, p 186. 매우 많은 단서를 달며 얼버무리듯이 주장했는데, 이것은 이들의 불명료함을 보여 준다. 당장 떠오르는 몇 가지 질문이 있다. 성이 인간 본성의 요소가 아니라면 인간의 성은 어떻게 그리고 왜 형성됐을까? 성이 인간 본성의 요소가 아니라면 인류는 어떻게 진화하고 번식했을까? 데일과 로즈는 번식을 위한 '성적 본능'과 '성'를 분리해서 사고하는 게 아닐까?

10 견해차가 있지만 우리 모두 여성 차별과 성 노동을 포함해 모든 차별적 관계를 없애기 위해 투쟁하고 있다는 점을 염두에 두고 논쟁하는 게 좋을 듯하다.

11 이 글은 프리처드의 주장에 동의하는 관점에서 썼기 때문에 비슷한 내용이 반복될 수 있다. 그러나 프리처드는 성과 인간 본성을 둘러싼 논쟁이 벌어질 것이라고 예상하지는 못했을 것이다. 따라서 이 글은 이 논쟁을 더 자세하게 다루고, 지난 20년간 자본주의 사회에서 성이 어떻게 변했는지도 다룰 것이다.

12 McGregor, 1989.

13 이 문제에 대한 더 자세한 분석은 McGregor, 1989와 Kollontai, 1977을 보시오.

14 Engels, 1975.

15 이 말은 1980년대에 던컨 핼러스가 이런저런 토론 모임에서 사용하면서 알려졌다.

16 Harman, 1994.

17 Harman, 1994, p 100.

18 Engels, 1978.

19 이 글에서는 논의의 맥락상 엥겔스 주장의 옳고 그름을 따지지 않을 것이다. 엥겔스의 분석을 검토하고 발전시킨 글을 보려면 Harman, 1994를 참조하시오.

20 사냥은 집단적 활동이었고 여성도 이따금 참여했다.

21 McGregor, 1989, p 7.

22 Sahlins, 2003.

23 Dale and Rose, 2010, p 187.

24 Engels, 1978.

25 Dee, 2010.

26 Kollontai, 1977.

27 McGregor, 1989, pp 10~11.

28 McGregor, 1989, p 10.

29 McGregor, 1989, p 10.

30 McGregor, 1989, p 11.

31 Orr, 2010, p 55.

32 제2차세계대전은 약혼자와 남편을 전장으로 끌어들여(영영 돌아오지 못하는 사람도 있었다) "정상적" 관계를 파괴했다. 이제 여성은 생산노동에 참여했고 (전에는 상상하지 못했던) 독립적이고 자유로운 인간관계를 맺을 수 있었다. 이 때문에 1945년 이후 "정상적" 가족이 재건되자 많은 여성이 어려움을 겪었다.

33 이 반란의 시기를 다룬 내용은 Harman, 1988과 Orr, 2010를 보시오.

34 "제2물결 여성운동"이라는 말보다 여성해방운동이란 말을 선호하는데, 이것이 1960년대 운동의 발전을 설명하는 더 정확한 표현이기 때문이다. "제2물결 여성운동"이란 말은 여성 차별을 없애려면 근본적 사회 변혁이 필요하다는 생각을 담지 못하는 듯하다. "제2물결 여성운동"은 왠지 헤어스타일 광고를 떠오르게 한다.

35 학생들은 밤에 다른 학생의 [기숙사] 방 출입을 허용하라고 요구하며 운동을 벌였다.

36 McGregor, 1989, p 13.

37 노동계급의 단결과 여성 차별에 맞선 투쟁이 어떤 관련이 있는지는 1984~1985년에 벌어진 광원 파업을 보면 잘 알 수 있다. 맨스필드에서

벌어진 첫 대규모 시위에서 광원들은 여성 경찰을 향해 "젖꼭지를 보여 줘!" 하고 외쳤다. 그 자리에 있던 나는 주변 광원에게 이런 태도로는 절대 승리할 수 없다고 주장했다. 그러나 파업 끝 무렵에 광원들의 태도는 변했다. 광원들의 부인이 연대를 조직하는 데 핵심 구실을 했다. 1985년 동성애자 자긍심 행진에는 광원들이 깃발을 들고 선두에 섰다.

38 Orr, 2010, p 36.

39 자세한 설명은 Pritchard, 2010, pp 169~170를 보시오.

40 성 산업에는 여성 고객을 상대로 남성이 성적 서비스를 하는 것도 포함된다. 여장한 남성이 성적 서비스를 제공하는 것도 있다. 여성과 아동도 포르노를 많이 본다. 그러나 포르노의 내용은 (고객을 누구로 삼든) 여성을 남성의 성적 만족을 위한 대상으로 묘사한다.

41 http://crossculturalconnections.org/documents/sex_stats.pdf. 성 산업은 대부분 불법이므로 통계를 검증하기 어렵다는 점을 유념해야 한다.

42 Orr, 2010, p 21.

43 물론 노동계급 투쟁과 연대가 부족한 현재의 상황은 아주 빠르게 변할 수 있다.

44 Pritchard, 2010, p 170.

45 비만이 늘어난 것도 식욕이라는 인간의 기본적 욕구를 상품화한 결과인 듯하다.

46 '하차 지점'은 지역마다 다르게 불린다. 핵심은 피임 덕분에 여성이 임신할 수 있다는 불안감에서 벗어나 성행위를 하게 됐다는 점이다.

47 Levy, 2005, p 30.

48 Kollontai, 1977, pp 288~289.

49 Pritchard, 2010, pp 166~168.

50 Cliff, 1984, p 42. 그러나 대다수 매춘 여성은 그러지 않았다.

51 Sanders, O'Neill and Pitcher, 2009, p108. 통계 수치는 2007년 것이고 Gall의 글에서 가져왔다.

52 Dale and Rose, 2010a, p 191. Sanders, O'Neill and Pitcher, 2009, 6장.

53 Dale and Rose, 2010a, p 191.

54 1960~1970년대에도 "가사 노동에 임금을 지급하라"고 요구하며 가정주부를 조직하는 데 집중해야 한다는 주장에 반대해 비슷한 논지를 전개했다.

55 Kollontai, 1977, p 264.

56 Sanders, O'Neill and Pitcher, 2009, p40. Carré and Agostini, 2010, p 24~19, 50, Mathieu, 2007, pp 23, 105~117도 보시오.

57 Dale and Rose, 2010a, p 188.

58 데일과 로즈 자신이 주장한 것이다. Dale and Rose, 2010b, p 203.

59 Sanders, O'Neil and Pitcher, 2009, p 30.

60 Orr, 2010.

61 매우 간단하게 언급했지만 그 뜻이 전달됐기를 바란다.

62 Levy, 2005, 1장.

63 Kollontai, 1977, p 290.

남성이 여성 차별의 수혜자인가

1 J Molyneux, "Do working class men benefit from women's oppression?", *International Socialism* 25(Autumn 1984), p 120.

2 같은 글, p 117.

3 같은 글, p 118.

4 K Marx, H Draper, *Karl Marx's Theory of Revolution, Vol 2*(New York, 1978), p 66에서 인용.

5 같은 책, p 67.

6 G Lukács, *Lenin: A study in the unity of his thought*(London, 1977), p 11.

7 같은 책, p 12.

8 Molyneux, 앞의 글, p 120.

9   T Cliff, *Class Struggle and Women's Liberation*(London, 1984), p 229[국역: 《여성해방과 혁명》, 책갈피, 2008].

10 Molyneux, 앞의 글, p 119.

11 Molyneux, 앞의 글, p 120.

12 J Martin and C Roberts, *Women and Employment Survey: A Lifetime Perspective*(London, 1984), p 39, Tables 4.10, 4.11.

13 T Cliff, 앞의 책, p 232.

14 J Martin and C Roberts, 앞의 책, p 101, Table 8.7, p 102, Table 8.9, p 107, Table 8.20.

15 P Hunt, *Gender and Class Consciousness*(London, 1980).

16 Molyneux, 앞의 글, p 121.

17 A Coote, B Campbell, *Sweet Freedom*(London, 1982), p 14에서 인용.

18 S Rowbotham, *Women, Resistance and Revolution* (Harmondsworth, 1972) p 247.

19 S Rowbotham, *Hidden from History*(London, 1973), p ix.

20 같은 책, p x.

21 A Coote, B Campbell, 앞의 책, p 240.

22 A Coote, B Campbell, 앞의 책, p 247.

23 Statement from the Principal of the Adult Education Institute in Hackney, February 1985.

24 A Coote, B Campbell, 앞의 책, p 87.

마르크스와 《자본론》, 그리고 여성

1   Brown, 2013. 초고를 읽고 아낌없는 조언과 제안을 해 준 알렉스 캘리니코스, 샐리 캠벨, 주디스 오어, 커밀라 로일에게 감사한다. 2014년 영국 맑시즘에서 로지 뉘닝이 발표한 사회적 재생산 이론에 관한 분석은 매우 유용했다.

2   Brown, 2013, p 2.

3   Brown, 2013, pp 2~3.

4   Brown, 2013, p 3.

5   Brown, 2013, p 220.

6   Brown, 2013, p 4.

7   Brown, 2013, p 43.

8   Brown, 2013, p 4.

9   Miles, 2014. 브라운이 1980년대 《인터내셔널 소셜리즘》에 실린 린지 저먼, 크리스 하먼, 토니 클리프의 여성 차별과 가족에 관한 분석을 전혀 언급하지 않는 점은 특이하다. 나는 이들의 분석이 여성 차별과 계급에 대한 통합적 이해를 제시한다고 생각한다. 또한 브라운은 자신의 연구와 동일한 주제를 다룬 핼 드레이퍼의 "Marx and Engels on Women's Liberation", *International Socialism* 40(July/August 1970)도 전혀 언급하지 않는다. 브라운은 주디스 오어의 2010년 글 "Marxism and Feminism Today"를 서지에 기록하고 있으나 그 글에서 통찰을 얻지는 못한 듯하다.

10 Choonara, Prasad, 2014는 교차성 이론에 바탕을 둔 차별 분석의 약점을 잘 다뤘다.

11 Brown, 2013, p 219.

12 Brown, 2013, pp 219~220.

13 Brown, 2013, p 8. "프롤레타리아의 정치·사회 혁명"에 관한 두나옙스카야의 방법론은 부정확하다. 노동계급이 사회관계를 일제히 바꾸지 않은 채 자본의 지배를 전복할 수는 없기 때문이다. 브라운과 달리 두나옙스카야가 소련을 국가자본주의로 분석했다는 점은 다소 아이러니하다.

14 Brown, 2013, p 2.

15 Brown, 2013, pp 9~10.

16 Marx, 1881.

17 1970년대 후반과 1980년대에 등장한 급진주의 페미니즘은 여성을 자연에 더 가까운 우월한 존재라고 주장한 "긍정적" 본질주의적 시각에

바탕을 뒀다.

18 1876년 엥겔스의 글 "The Part Played by Labour in the Transition from Ape to Man"에 등장하는 논점이다.

19 Brown, 2013, p 23.

20 Brown, 2013, p 27. "Mensch"를 "man"으로 잘못 번역했다. 독일어로 "Mensch"는 성별과 관계없이 사람/인간을 가리키는 명사다. 브라운은 자신의 책 각주(p 28)에서 이 점을 지적했다.

21 "Rape, Pornography and Capitalism", McGregor, 1989를 쓸 때 소외 개념이 매우 유용했다.

22 Marx, 1977. Brown, 2013, p 29에서 인용.

23 Brown, 2013, p 8.

24 Brown, 2013, p 32.

25 Marx and Engels, 1976, p 60.

26 Marx and Engels, 1976, p 60.

27 Brown, 2013, p 73.

28 Brown, 2013, p 74.

29 Brown, 2013, p 74.

30 Brown, 2013, p 74.

31 Brown, 2013, p 70.

32 Marx, 1976, p 275.

33 Marx, 1976, p 275.

34 Marx, 1976, p 276.

35 Marx, 1976, p 518.

36 마르크스는 "어떤 종류의 상품은 매일, 또 어떤 종류의 상품은 매주, 매분기에 구매되거나 지불돼야 한다"고 적고 있다. Marx, 1976, p 276.

37 Marx, 1976, p 342.

38 Marx, 1976, p 344.

39 Brown, 2013, pp 69~70. Vogel, 2013 [1983]에 대한 서평은 Ginsburgh, 2014를 보시오.

40 Brown, 2013, p 75.

41 Brown, 2013, pp 76~77. 브라운은 가사노동이 왜 생산적이지 않은지에 대한 로자 룩셈부르크의 설명을 인용한다(p 77). 이는 가사노동이 잉여가치의 생산에 간접적으로 기여한다는 린지 저먼의 주장과 다른 견해다. Ginsburgh, 2014, p 131을 보시오.

42 Marx, 1976. Brown, 2013, p 81에서 인용.

43 Marx, 1976. Brown, 2013, p 82에서 인용.

44 Marx, 1976, pp 620~621.

45 Marx, 1976, p 620.

46 최근 벌어진 남아프리카공화국의 마리카나 광원 파업은 예외적 사례다. 그렇지만 광원들의 아내는 파업을 지지하고 정의를 요구하는 투쟁에서 중요한 구실을 했다.

47 경제적 독립이 개인의 자신감을 높이는 것은 사실이다. McGregor, 1989에서 나는 이 점을 매우 자세히 다뤘다.

48 McGregor, 2013, p 118.

49 2012년 카이로의 교사 노동자와 병원 노동자를 인터뷰하면서 매우 강하게 들었던 생각이다.

50 Brown, 2013, p 70.

51 Leeb, 2007. Brown, 2013, p 96에서 인용.

52 Leeb, 2007. Brown, 2013, p 96에서 인용.

53 Leeb, 2007. 립은 착취와 혁명의 중요성을 전혀 이해하지 못하는 듯하다.

54 Marx, 1976, p 523.

55 Brown, 2013, p 123.

56 Brown, 2013, pp 120~121.

57 Marx, 1871. Brown, 2013, p 124에서 인용

58 Marx, 1871. Brown, 2013, p 126에서 인용.

59 Brown, 2013, p 105~112.

60 Brown, 2013, p 110.

61 Marx, Guesde, 1880. Brown, 2013, p 130에서 인용.

62 Marx, Guesde, 1880. Brown, 2013, p 132에서 인용.

63 Brown, 2013, p 131.

64 Engels, 1847. Brown, 2012, p 54에서 인용.

65 Brown, 2013, p 54.

66 Ginsburgh, 2014, p 137.

67 Marx, Guesde, 1880.

68 Brown, 2013, pp 54~55.

69 Brown, 2013, p 55.

70 Engels, 1978, p 96.

71 Engels, 1993, p 156. 흥미롭게도 브라운은 엥겔스가 젠더에 관한 핵심적 통찰을 발전시켰다는 점을 인정하지 않는다.

72 Bebel, 1897, p 4. 베벨의 책은 여성의 사회적 지위를 분석한 최초의 사회주의 문서였다. 여성해방의 필요성을 주장한 이 책은 독일의 사회민주주의 운동에 매우 큰 영향을 미쳤다.

73 베벨은 나중에 엥겔스의 주장을 반영해 자신의 책을 수정했다. 독일의 혁명적 사회주의자 클라라 체트킨도 여성 차별에 관한 엥겔스의 주장을 받아들였다.

74 Dunayevskaya, 1991.

75 Brown, 2013, p 8.

76 Brown, 2013, p 10.

77 흥미롭게도 인류학자 마셜 살린즈는 수렵·채집 사회가 상대적으로 더 여유로운 삶을 영위했을 것이라는 엥겔스의 견해를 뒷받침하는 자료를 제시했다. Sahlins, 2011.

78 Engels, 1978, p 5.

79 Engels, 1978, p 6. 한 사회에서 다른 사회로 전환을 뒷받침하는 새로운

증거로 엥겔스는 아이스킬로스의 《오레스테이아》에 대한 요한 야콥 바흐오펜의 흥미로운 해석을 언급한다. Engels, 1978, p 9.

80 Brown, 2013, pp 170~173.

81 Engels, 1978, p 97.

82 Leacock, 1981, Turnbull, 1965, Harman, 1994를 보시오.

83 마찬가지로 엥겔스가 도구 사용을 인류 진화의 핵심으로 지적한 것은 옳았다. 브라운은 엥겔스의 소책자 "The Part Played by Labour in the Transition from Ape to Man"을 그 어느 곳에서도 언급하지 않는다.

84 일부 저자는 몇몇 쟁점을 문제 삼기도 한다. 이에 대해서는 Harman, 1994, p 133을 보시오.

85 Marx, 1976, p 471, 엥겔스의 각주.

86 Engels, 1978, p 4. 브라운이 두나옙스카야의 다음과 같은 주장을 동의하며 인용한 것은 이해하기 힘들다. "엥겔스는 언제나 적대적 과정을 맨 마지막에 설정하는 듯하다. 마치 공동체가 파괴되고 사유재산이 생겨난 후에 계급사회가 완전히 정립됐다는 식으로 말이다." Dunayevskaya, 1991. Brown, 2013, p 173에서 인용.

87 Engels, 1978, p 5.

88 McGregor, 1989에서 내가 주장한 내용이다.

참고 문헌

성매매 논쟁: 성, 소외, 자본주의

Banyard, Kat, 2010, *The Equality Illusion* (Faber and Faber).

Carré, Jean-Michel, and Patricia Agostini, 2010, *Travailleu(r) ses du sexe: Et fières de l'etre* (Seuil).

Cliff, Tony, 1984, *Class struggle and Women's Liberation* (Bookmarks), www.marxists.org/archive/cliff/works/1984/women/index.htm [국역: 《여성해방과 혁명: 영국 혁명부터 현대까지》, 책갈피, 2008].

Dale, Gareth, and Xanthe Rose, 2010a, "A Response to the Sex Work Debate", *International Socialism* 127 (summer), www.isj.org.uk/?id=664.

Dale, Gareth, and Xanthe Rose, 2011b, "Sex Work: a Rejoinder", *International Socialism* 129 (winter), www.isj.org.uk/?id=707.

Dee, Hannah, 2010, *The Red in the Rainbow: Sexuality, Socialism and LGBT Liberation* (Bookmarks)[국역: 《무지개 속 적색: 성소수자 해방과 사회변혁》, 책갈피, 2014].

Edwards, Jess, 2010, "Sexism and Sex Work: A Response to Dale and Rose", *International Socialism* 128 (autumn), www.isj.org.uk/?id=688.

Engels, Frederick, 1978, *The Origin of the Family, Private Property and the State* (Foreign Languages Press), www.marxists.org/archive/marx/works/1884/origin-family/index.htm[국역: 《가족, 사유재산, 국가의 기원》, 두레, 2012].

Engels, Frederick, 1975, *The Role Played by Labour in the Transition from Ape to Man* (Foreign Languages Press), www.marxists.org/archive/marx/works/1876/part-played-labour/index.htm.

Harman, Chris, 1988, *The Fire Last Time: 1968 and After* (Bookmarks)[국역: 《세계를 뒤흔든 1968》, 책갈피, 2004].

Harman, Chris, 1994, "Engels and the Origins of Human Society", *International Socialism* 65 (winter), http://pubs.socialistreviewindex.org.uk/isj65/harman.htm.

Kollontai, Alexandra, 1977, *Selected Writings* (Alison and Busby).

Leacock, Eleanor Burke, 1981, *Myths of Male Dominance* (Monthly Review Press).

Levy, Ariel, 2005, *Female Chauvinist Pigs* (Pocket Books).

Marx, Karl, 1975, *Early Writings* (Penguin).

Mathieu, Lilian, 2007, *La Condition Prostituée* (Textuel).

McGregor, Sheila, 1989, "Rape, Pornography and Capitalism", *International Socialism* 45 (winter), www.marxists.de/gender/mcgregor/rapeporn.htm[국역: 이 책의 "성폭력, 포르노, 자본주의"].

Orr, Judith, 2010, "Marxism and Feminism Today", *International Socialism* 127 (summer), www.isj.org.uk/?id=656.

Pritchard, Jane, 2010, "The Sex Work Debate", *International Socialism* 125 (winter), www.isj.org.uk/?id=618.

Sahlins, Marshall, 2003, *Stone Age Economics* (Routledge)[국역: 《석기시대 경제학: 인간의 경제를 향한 인류학적 상상력》, 한울아카데미, 2014].

Sanders, Teela, Maggie O'Neill and Jane Pitcher, 2009, *Prostitution: Sex work, Policy and Politics* (Sage).

Walter, Natasha, 2010, *Living Dolls* (Virago).

마르크스와 《자본론》, 그리고 여성

Bebel, August, 1897, *Woman: In the Past, Present and Future* (GB Benham), https://archive.org/details/womaninpastpres00bebegoog.

Brown, Heather, 2013 [2012], *Marx on Gender and the Family* (Haymarket).

Choonara, Esme, and Yuri Prasad, 2014, "What's Wrong with Privilege Theory?", *International Socialism* 142 (spring), http://isj.org.uk/whats-wrong-with-privilege-theory/.

Draper, Hal, 1970, "Marx and Engels on Women's Liberation", *International Socialism* 44 (first series, July-August), www.marxists.org/archive/draper/1970/07/women.htm.

Dunayevskaya, Raya, 1991, *Rosa Luxemburg, Women's Liberation and Marx's Philosophy of Revolution* (University of Illinois Press).

Engels, Frederick, 1978 [1884], *The Origin of the Family, Private Property and the State* (Foreign Languages Press), www.marxists.org/archive/marx/works/1884/origin-family/.

Engels, Frederick, 1993 [1844-45], *The Condition of the Working Class in England* (Oxford University Press), www.marxists.org/archive/marx/works/1845/condition-working-class/[국역: 《영국 노동계급의 상황》, 라티오, 2014].

Engels, Frederick, 1847, "The Principles of Communism", www.marxists.org/archive/marx/works/1847/11/prin-com.htm.

Engels, Frederick, 1876, "The Part played by Labour in the Transition from Ape to Man", www.marxists.org/archive/marx/works/1876/part-played-labour/.

Ginsburgh, Nicola, 2014, "Lise Vogel and the Politics of Women's Liberation", *International Socialism* 144 (autumn), http://isj.org.uk/

lise-vogel-and-the-politics-of-womens-liberation/.

Harman, Chris, 1994, "Engels and the Origins of Human Society", *International Socialism* 65 (winter), www.marxists.de/science/harmeng/index.htm.

Leacock, Eleanor Burke, 1981, *Myths of Male Dominance* (Monthly Review Press).

Leeb, Claudia, 2007, "Marx and the Gendered Structure of Capitalism", *Philosophy and Social Criticism*, volume 33, number 7.

Marx, Karl, 1871, *The Civil War in France*, www.marxists.org/archive/marx/works/1871/civil-war-france/[국역: 《프랑스 혁명사 3부작》, 소나무, 2017].

Marx, Karl, 1976, *Capital*, volume 1 (Penguin Books)[국역: 《자본론》, 비봉출판사, 2015].

Marx, Karl, 1881, *The Ethnological Notebooks of Karl Marx*, www.marxists.org/archive/marx/works/1881/ethnographical-notebooks/.

Marx, Karl, 1977 [1844], *Economic and Philosophical Manuscripts of 1844* (Lawrence and Wishart), www.marxists.org/archive/marx/works/1844/manuscripts/preface.htm[국역: 《1844년의 경제학-철학 수고》, 이론과실천, 2006].

Marx, Karl and Frederick Engels, 1976, *The German Ideology* (Progress Publishers)[국역: 《독일 이데올로기》, 두레, 2015].

Marx, Karl, and Jules Guesde, 1880, "The Programme of the Parti Ouvrier", www.marxists.org/history/etol/revhist/otherdox/whatnext/po-prog.html.

McGregor, Sheila, 1989, "Rape, Pornography and Capitalism", *International Socialism* 45 (winter), www.marxists.de/gender/mcgregor/rapeporn.htm.

McGregor, Sheila, 2013, "Marxism and Women's Oppression Today", *International Socialism* 138 (spring), http://isj.org.uk/marxism-

and-womens-oppression-today/[국역: "여성 차별", 《계급, 소외, 차별: 마르크스주의는 계급, 소외, 여성·성소수자·인종 차별을 어떻게 설명하는가?》, 책갈피, 2017].

Miles, Laura, 2014, "Transgender Oppression and Resistance", *International Socialism* 141 (winter), http://isj.org.uk/transgender-oppression-and-resistance/.

Orr, Judith, 2010, "Marxism and Feminism Today", *International Socialism* 127 (summer), http://isj.org.uk/marxism-and-feminism-today/.

Sahlins, Marshall, 2011, *Stone Age Economics* (Routledge).

Turnbull, Colin M, 1965, *Wayward Servants: The Two Worlds of the African Pygmies* (Eyre & Spottiswoode).

Vogel, Lise, 2013 [1983], *Marxism and the Oppression of Women: Toward a Unitary Theory* (Haymarket).